Einstern
Mathematik für Grundschulkinder

3

Themenheft 5
- Multiplikation und Division
- Größenbereich Gewicht

Erarbeitet von Roland Bauer und Jutta Maurach

In Zusammenarbeit mit der
Cornelsen Redaktion Grundschule

Cornelsen

Einstern 3

Mathematik für Grundschulkinder
Themenheft 5
Multiplikation und Division
Größenbereich Gewicht

Erarbeitet von:	Roland Bauer, Jutta Maurach
Fachliche Beratung:	Prof'in Dr. Silvia Wessolowski
Fachliche Beratung exekutive Funktionen:	Dr. Sabine Kubesch, INSTITUT BILDUNG plus, im Auftrag des ZNL TransferZentrum für Neurowissenschaften und Lernen, Ulm
Redaktion:	Agnetha Heidtmann, Friederike Thomas, Peter Groß, Uwe Kugenbuch
Illustration:	Yo Rühmer
Illustration der Geldscheine und Münzen:	Christine Wächter
Umschlaggestaltung:	Cornelia Gründer, agentur corngreen, Leipzig
Layout und technische Umsetzung:	lernsatz.de

fex steht für *Förderung exekutiver Funktionen*. Hierbei werden neueste Erkenntnisse der kognitiven Neurowissenschaft zum spielerischen Training exekutiver Funktionen für die Praxis nutzbar gemacht. **fex** wurde vom **ZNL TransferZentrum für Neurowissenschaften und Lernen** *(www.znl-ulm.de)* an der Universität Ulm gemeinsam mit der **Wehrfritz GmbH** *(www.wehrfritz.com)* ins Leben gerufen. Der Cornelsen Verlag hat in Kooperation mit dem ZNL ein Konzept für die Förderung exekutiver Funktionen im Unterrichtswerk *Einstern* entwickelt.

Bildnachweis
37, 54 Profilfoto Marek Lange, Berlin   **39** André Suhr, Berlin

www.cornelsen.de

1. Auflage, 8. Druck 2022

Alle Drucke dieser Auflage sind inhaltlich unverändert
und können im Unterricht nebeneinander verwendet werden.

© 2016 Cornelsen Schulverlage GmbH, Berlin
© 2018 Cornelsen Verlag GmbH, Berlin

Druck: Parzeller print & media GmbH & Co. KG, Fulda

ISBN 978-3-06-081790-0
ISBN 978-3-06-084233-9 (E-Book: alle Themenhefte Einstern 3)

PEFC zertifiziert
Dieses Produkt stammt aus nachhaltig bewirtschafteten Wäldern und kontrollierten Quellen.
www.pefc.de
PEFC
PEFC/04-31-1308

Inhaltsverzeichnis

Gewicht

Einmaleinsaufgaben wiederholen

 1 Suche dir ein anderes Kind. Jeder von euch schreibt auf Kärtchen die Zahlen von 0 bis 10 und legt diese verdeckt vor sich auf den Tisch. Nun deckt jeder von euch eine Karte auf. Bildet aus den beiden Zahlen zwei Malaufgaben und nennt die passende Lösung.

2 · 4 = 8

4 · 2 = 8

Das kannst du schon.

2 Rechne und schreibe die Ergebnisse auf.

a) $3 \cdot 6 = \boxed{18}$

$7 \cdot 8 = \boxed{}$

$5 \cdot 7 = \boxed{}$

$5 \cdot 6 = \boxed{}$

$4 \cdot 8 = \boxed{}$

b) $3 \cdot 9 = \boxed{}$

$7 \cdot 2 = \boxed{}$

$0 \cdot 5 = \boxed{}$

$7 \cdot 6 = \boxed{}$

$9 \cdot 7 = \boxed{}$

c) $8 \cdot 3 = \boxed{}$

$7 \cdot 4 = \boxed{}$

$8 \cdot 6 = \boxed{}$

$7 \cdot 3 = \boxed{}$

$9 \cdot 8 = \boxed{}$

d) $8 \cdot 5 = \boxed{}$

$6 \cdot 4 = \boxed{}$

$9 \cdot 9 = \boxed{}$

$7 \cdot 7 = \boxed{}$

$4 \cdot 9 = \boxed{}$

3 Finde zu jeder Aufgabe eine Verdopplungsaufgabe. Berechne die Lösungen.

a) $3 \cdot 4 = \boxed{12}$

$6 \cdot 4 = \boxed{24}$

b) $5 \cdot 8 = \boxed{}$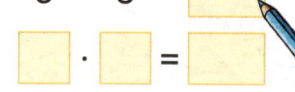

$\boxed{} \cdot \boxed{} = \boxed{}$

c) $2 \cdot 7 = \boxed{}$

$\boxed{} \cdot \boxed{} = \boxed{}$

d) $5 \cdot 9 = \boxed{}$

$\boxed{} \cdot \boxed{} = \boxed{}$

e) $2 \cdot 6 = \boxed{}$

$\boxed{} \cdot \boxed{} = \boxed{}$

f) $4 \cdot 4 = \boxed{}$

$\boxed{} \cdot \boxed{} = \boxed{}$

g) $4 \cdot 7 = \boxed{}$

$\boxed{} \cdot \boxed{} = \boxed{}$

h) $3 \cdot 8 = \boxed{}$

$\boxed{} \cdot \boxed{} = \boxed{}$

i) $4 \cdot 6 = \boxed{}$

$\boxed{} \cdot \boxed{} = \boxed{}$

4 Suche dir ein anderes Kind. Einer von euch rechnet mit dem Taschenrechner, der andere im Kopf. Wer ist schneller? Sucht selbst weitere Aufgaben.

$2 \cdot 9 = \boxed{}$ $6 \cdot 8 = \boxed{}$ $9 \cdot 7 = \boxed{}$ $4 \cdot 6 = \boxed{}$ $6 \cdot 3 = \boxed{}$

$7 \cdot 7 = \boxed{}$ $6 \cdot 9 = \boxed{}$ $7 \cdot 3 = \boxed{}$ $7 \cdot 9 = \boxed{}$ $9 \cdot 5 = \boxed{}$

* wenden die Zahlensätze des kleinen Einmaleins automatisiert und flexibel an

Mal- und Geteiltaufgaben üben

1 Rechne und schreibe die Ergebnisse auf.
Kontrolliere mit der Umkehraufgabe.

Das kannst du schon.

a) 27 : 3 = 9   49 : 7 = ☐   24 : 8 = ☐
denn   denn   denn
9 · 3 = 27   ☐ · ☐ = ☐   ☐ · ☐ = ☐

b) 48 : 6 = ☐   45 : 9 = ☐   63 : 7 = ☐   72 : 9 = ☐
denn   denn   denn   denn
☐ · ☐ = ☐   ☐ · ☐ = ☐   ☐ · ☐ = ☐   ☐ · ☐ = ☐

c) 36 : 9 = ☐   32 : 4 = ☐   20 : 4 = ☐   54 : 6 = ☐
denn   denn   denn   denn
☐ · ☐ = ☐   ☐ · ☐ = ☐   ☐ · ☐ = ☐   ☐ · ☐ = ☐

2 Finde zu jeder Aufgabe die beiden Nachbaraufgaben. Berechne die Lösungen.

a) 4 · 3 = 12   ☐ · ☐ = ☐   ☐ · ☐ = ☐   ☐ · ☐ = ☐
5 · 3 = 15   7 · 6 = 42   8 · 7 = ☐   9 · 3 = ☐
6 · 3 = 18   ☐ · ☐ = ☐   ☐ · ☐ = ☐   ☐ · ☐ = ☐

b) ☐ · ☐ = ☐   ☐ · ☐ = ☐   ☐ · ☐ = ☐   ☐ · ☐ = ☐
4 · 8 = ☐   5 · 5 = ☐   9 · 2 = ☐   5 · 6 = ☐
☐ · ☐ = ☐   ☐ · ☐ = ☐   ☐ · ☐ = ☐   ☐ · ☐ = ☐

3 Finde zu jeder Aufgabe die vorausgehende und die nachfolgende Geteiltaufgabe.
Berechne die Lösungen.

a) 12 : 3 = 4   ☐ : ☐ = ☐   ☐ : ☐ = ☐   ☐ : ☐ = ☐
15 : 3 = 5   14 : 2 = ☐   16 : 4 = ☐   12 : 6 = ☐
18 : 3 = 6   ☐ : ☐ = ☐   ☐ : ☐ = ☐   ☐ : ☐ = ☐

b) ☐ : ☐ = ☐   ☐ : ☐ = ☐   ☐ : ☐ = ☐   ☐ : ☐ = ☐
40 : 8 = ☐   54 : 9 = ☐   28 : 7 = ☐   27 : 9 = ☐
☐ : ☐ = ☐   ☐ : ☐ = ☐   ☐ : ☐ = ☐   ☐ : ☐ = ☐

★ wenden die Zahlensätze des kleinen Einmaleins sowie deren Umkehrungen automatisiert und flexibel an
★ finden und lösen Nachbaraufgaben und entwickeln vorteilhafte Lösungswege

1 Übe mit der Einmaleinstabelle.

a) Fülle die Tabelle vollständig aus.

·	4	6		8		5	7
7	28						
5			45				
9							
3							
6							
4							28
8					24		
10							

28 : 4 = 7
28 : 7 = 4

b) Wähle 9 der Ergebniszahlen aus.
Schreibe immer 2 passende Geteiltaufgaben dazu.

☐ : ☐ = ☐   ☐ : ☐ = ☐   ☐ : ☐ = ☐
☐ : ☐ = ☐   ☐ : ☐ = ☐   ☐ : ☐ = ☐

☐ : ☐ = ☐   ☐ : ☐ = ☐   ☐ : ☐ = ☐
☐ : ☐ = ☐   ☐ : ☐ = ☐   ☐ : ☐ = ☐

☐ : ☐ = ☐   ☐ : ☐ = ☐   ☐ : ☐ = ☐
☐ : ☐ = ☐   ☐ : ☐ = ☐   ☐ : ☐ = ☐

c) Finde 3 Zahlen, zu denen es mehr als zwei Geteiltaufgaben gibt.
Notiere die Zahl und die dazugehörenden Aufgaben.

☐ : ☐ = ☐   ☐ : ☐ = ☐   ☐ : ☐ = ☐
☐ : ☐ = ☐   ☐ : ☐ = ☐   ☐ : ☐ = ☐
☐ : ☐ = ☐   ☐ : ☐ = ☐   ☐ : ☐ = ☐

d) Suche Zahlen, zu denen du nur eine Geteiltaufgabe findest.
Notiere die Zahlen und jeweils die Geteiltaufgabe dazu.

☐ : ☐ = ☐   ☐ : ☐ = ☐   ☐ : ☐ = ☐

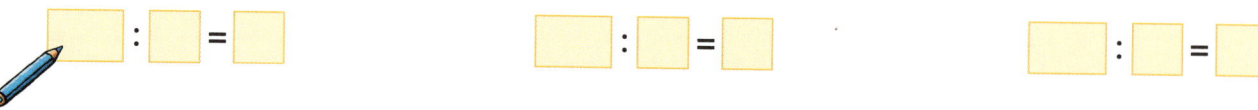

★ wenden die Zahlensätze des kleinen Einmaleins sowie deren Umkehrungen automatisiert und flexibel an
★ nutzen und erklären Rechenstrategien und entwickeln vorteilhafte Lösungswege

Malaufgaben mit Zehnerzahlen in Darstellungen erkennen

1 Schreibe zu jedem Bild die Plus- und die Malaufgabe auf.

a)

20€ + 20€ + 20€ = 60€

3 · 20€ = 60€

b)

c)

d)

2 Löse die Aufgaben.
Du kannst auch Rechenbilder zeichnen oder mit Zehnerstangen legen.

a) 3 · 50 = ☐   b) 5 · 40 = ☐   c) 3 · 70 = ☐   d) 8 · 30 = ☐

e) Denke dir selbst zwei passende Aufgaben aus.

 ☐ · ☐ = ☐   ☐ · ☐ = ☐

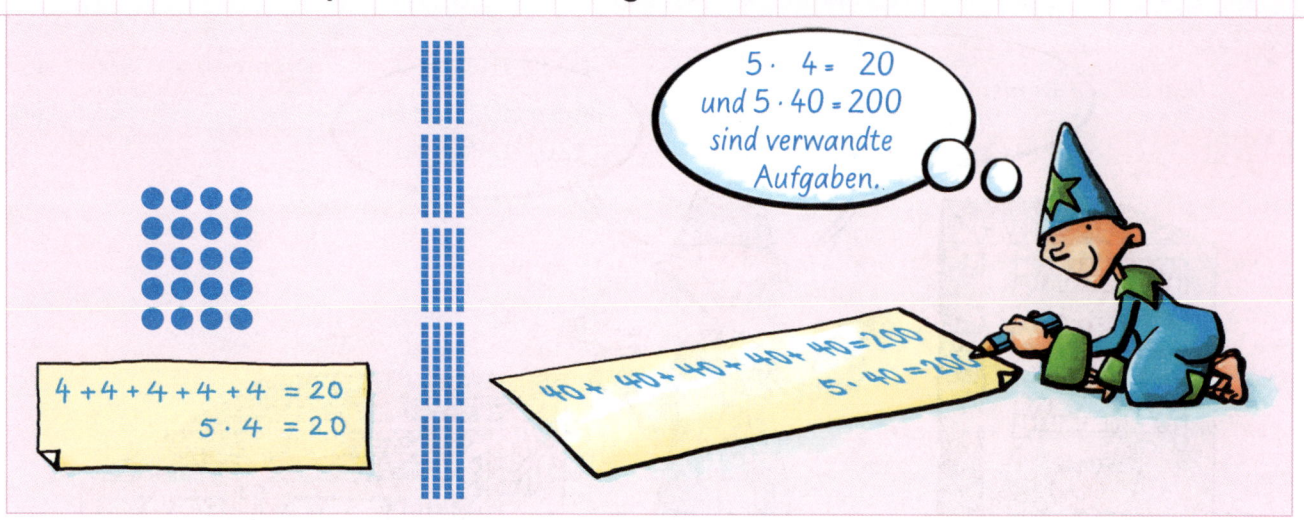

1 Schreibe zu jedem Bild eine Plus- und eine Malaufgabe auf.

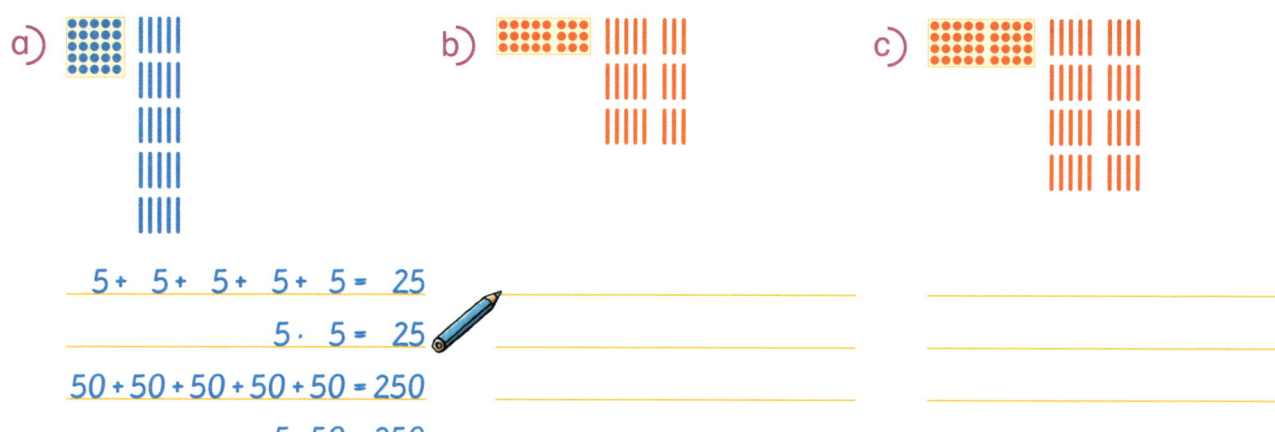

a)

$$5 + 5 + 5 + 5 + 5 = 25$$
$$5 \cdot 5 = 25$$
$$50 + 50 + 50 + 50 + 50 = 250$$
$$5 \cdot 50 = 250$$

b)

c)

2 Löse die Aufgaben.
Du kannst auch Rechenbilder zeichnen oder mit Zehnerstangen legen.

a) $3 \cdot 6 = \boxed{18}$ b) $4 \cdot 2 = \boxed{}$ c) $7 \cdot 5 = \boxed{}$ d) $6 \cdot 4 = \boxed{}$

$3 \cdot 60 = \boxed{180}$ $4 \cdot 20 = \boxed{}$ $7 \cdot 50 = \boxed{}$ $6 \cdot 40 = \boxed{}$

e) $8 \cdot 3 = \boxed{}$ f) $3 \cdot 7 = \boxed{}$ g) $7 \cdot 8 = \boxed{}$ h) $3 \cdot 9 = \boxed{}$

$8 \cdot 30 = \boxed{}$ $3 \cdot 70 = \boxed{}$ $7 \cdot 80 = \boxed{}$ $3 \cdot 90 = \boxed{}$

i) Denke dir selbst zwei passende
Aufgabenpaare aus.

$\boxed{} \cdot \boxed{} = \boxed{}$ $\boxed{} \cdot \boxed{} = \boxed{}$

$\boxed{} \cdot \boxed{} = \boxed{}$ $\boxed{} \cdot \boxed{} = \boxed{}$

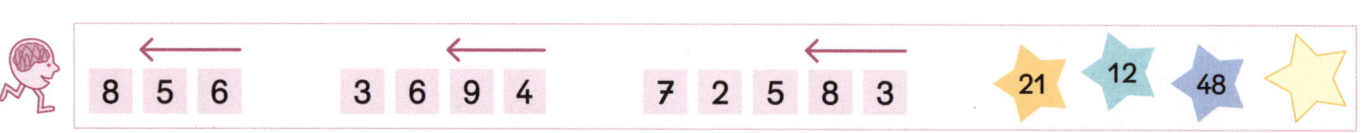

| 8 | 5 | 6 | | 3 | 6 | 9 | 4 | | 7 | 2 | 5 | 8 | 3 |

21 12 48

★ übertragen ihre Kenntnisse über die Zahlensätze des kleinen Einmaleins in größere Zahlenräume
★ übertragen eine Darstellung in eine andere

Verwandte Aufgaben als Rechenhilfe nutzen

$3 \cdot 2 = 6$ $3 \cdot 20 = 60$

1 Löse verwandte Aufgabenpaare.

a) $5 \cdot 3 =$ ☐   b) $7 \cdot 4 =$ ☐   c) $8 \cdot 6 =$ ☐   d) $4 \cdot 9 =$ ☐

$5 \cdot 30 =$ ☐ $7 \cdot 40 =$ ☐ $8 \cdot 60 =$ ☐ $4 \cdot 90 =$ ☐

e) Denke dir selbst zwei verwandte Aufgabenpaare aus.

☐ $\cdot$ ☐ $=$ ☐   ☐ $\cdot$ ☐ $=$ ☐

☐ $\cdot$ ☐ $=$ ☐   ☐ $\cdot$ ☐ $=$ ☐

2 Schreibe zu jeder Aufgabe zunächst die verwandte Aufgabe aus dem kleinen Einmaleins auf. Rechne dann beide Aufgaben aus.

a) $4 \cdot 8 = 32$ b) ☐ $\cdot$ ☐ $=$ ☐   c) ☐ $\cdot$ ☐ $=$ ☐

$4 \cdot 80 = 320$ $5 \cdot 70 =$ ☐ $3 \cdot 90 =$ ☐

d) ☐ $\cdot$ ☐ $=$ ☐   e) ☐ $\cdot$ ☐ $=$ ☐   f) ☐ $\cdot$ ☐ $=$ ☐

$8 \cdot 60 =$ ☐ $4 \cdot 50 =$ ☐ $7 \cdot 40 =$ ☐

g) ☐ $\cdot$ ☐ $=$ ☐   h) ☐ $\cdot$ ☐ $=$ ☐   i) ☐ $\cdot$ ☐ $=$ ☐

$9 \cdot 30 =$ ☐ $10 \cdot 80 =$ ☐ $8 \cdot 70 =$ ☐

3 Finde zu den Zahlen passende Malaufgaben.

a) $28 =$ ☐ $\cdot$ ☐   b) $21 =$ ☐ $\cdot$ ☐   c) $36 =$ ☐ $\cdot$ ☐   d) $18 =$ ☐ $\cdot$ ☐

$280 =$ ☐ $\cdot$ ☐ $210 =$ ☐ $\cdot$ ☐ $360 =$ ☐ $\cdot$ ☐ $180 =$ ☐ $\cdot$ ☐

e) $56 =$ ☐ $\cdot$ ☐   f) $27 =$ ☐ $\cdot$ ☐   g) $42 =$ ☐ $\cdot$ ☐   h) $24 =$ ☐ $\cdot$ ☐

$560 =$ ☐ $\cdot$ ☐ $270 =$ ☐ $\cdot$ ☐ $420 =$ ☐ $\cdot$ ☐ $240 =$ ☐ $\cdot$ ☐

→ Ü Seite 39

* übertragen ihre Kenntnisse über die Zahlensätze des kleinen Einmaleins in größere Zahlenräume

Zueinander passende Mal- und Geteiltaufgaben finden

20 : 5 = 4

Mit der verwandten Aufgabe ist es ganz einfach.

200 : 50 = 4

1 Schreibe zu jedem Bild die passende Mal- und Geteiltaufgabe auf.

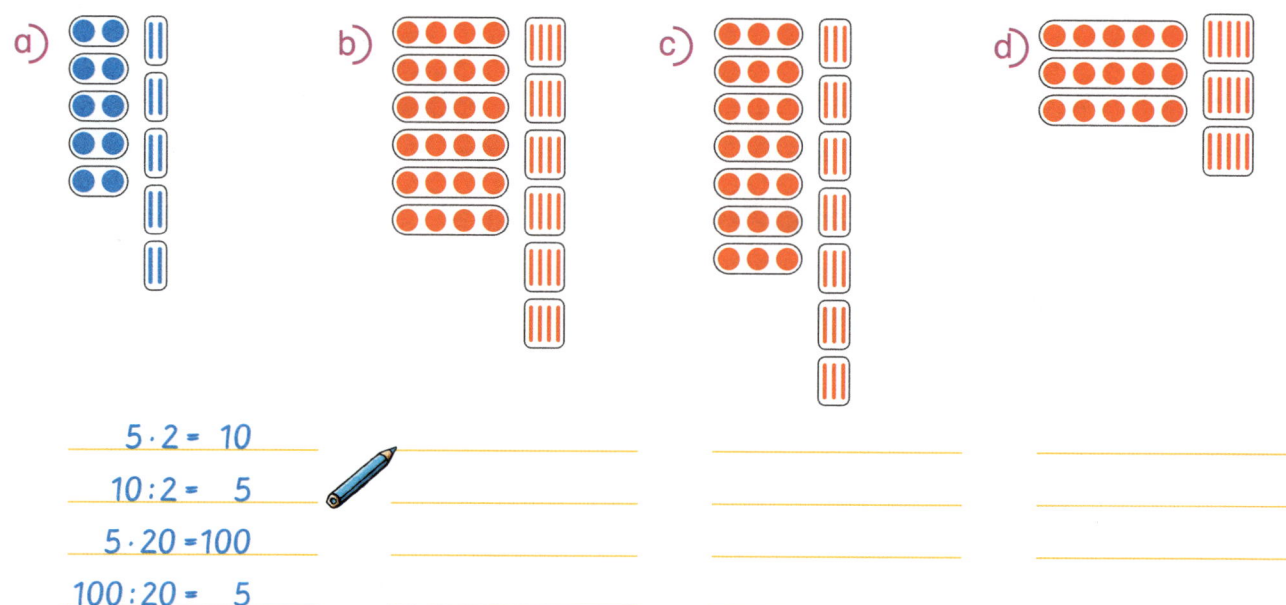

a)

$5 \cdot 2 = 10$
$10 : 2 = 5$
$5 \cdot 20 = 100$
$100 : 20 = 5$

b)

c)

d)

2 Suche immer 4 Aufgaben, die zusammengehören. Male sie in der gleichen Farbe aus.

56 : 7 = 8	54 : 9 = 6	720 : 80 = 9	560 : 70 = 8
6 · 90 = 540	72 : 8 = 9	8 · 7 = 56	9 · 8 = 72
9 · 80 = 720	8 · 70 = 560	540 : 90 = 6	6 · 9 = 54

3 Finde selbst 4 Aufgaben, die zusammengehören, wie in Aufgabe **2**. Schreibe sie auf. Stelle die Aufgaben einem anderen Kind vor. Bitte es zu begründen, warum sie zusammengehören.

Seite 12 Aufgabe 3
...

7 2 4   6 8 9 3   8 1 4 7 5

 18 28  40

* wechseln zwischen verschiedenen Darstellungsformen von Operationen
* übertragen ihre Kenntnisse und Fertigkeiten auf analoge Aufgaben
* nutzen beim Lösen von Aufgaben mathematische Zusammenhänge

Durch Zehnerzahlen dividieren

multiplizieren ⊙
dividieren   ⊙

*Sprechen
wie die Mathematiker:
Multiplizieren heißt mal rechnen,
dividieren heißt geteilt
rechnen.*

1 Finde zu jeder Geteiltaufgabe die verwandte kleine Geteiltaufgabe.
Rechne dann beide Aufgaben aus.

a) $32 : 4 = 8$ b) ☐ : ☐ = ☐   c) ☐ : ☐ = ☐   d) ☐ : ☐ = ☐

$320 : 40 = 8$ $480 : 60 = $☐ $270 : 90 = $☐ $280 : 70 = $☐

☐ : ☐ = ☐   ☐ : ☐ = ☐   ☐ : ☐ = ☐   ☐ : ☐ = ☐

$420 : 70 = $☐ $200 : 50 = $☐ $800 : 80 = $☐ $180 : 20 = $☐

2 Finde verwandte Geteiltaufgaben.

a) $28 : 4 = 7$ b) $24 : $☐$ = $☐   c) $32 : $☐$ = $☐   d) $72 : $☐$ = $☐

$280 : 40 = 7$ $240 : $☐$ = $☐ $320 : $☐$ = $☐ $720 : $☐$ = $☐

3 Dividiere durch 10. Was fällt dir auf? Sprich mit einem anderen Kind darüber.

a) $90 : 10 = 9$ b) $560 : 10 = $☐   c) $430 : 10 = $☐   d) $40 : 10 = $☐

$100 : 10 = $☐ $720 : 10 = $☐ $940 : 10 = $☐ $540 : 10 = $☐

4 Rechne wie Tim.
Notiere den Rechenweg
oder rechne die beiden
Schritte im Kopf.

$720 : 80 = 9$
$720 : 10 = 72$
$72 : 8 = 9$

a) $560 : 80 = $☐   b) $810 : 90 = $☐   c) $300 : 50 = $☐

d) $350 : 70 = $☐   e) $540 : 60 = $☐   f) $180 : 20 = $☐

g) Denke dir selbst zwei passende Aufgaben aus.

Seite 13 Aufgabe 4

a) $5\,6\,0 : 8\,0 = 7$ b) ...

$5\,6\,0 : 1\,0 = 5\,6$

$5\,6 : 8 = 7$

★ übertragen ihre Kenntnisse über die Zahlensätze des kleinen Einmaleins in größere Zahlenräume
★ verwenden Fachbegriffe richtig
★ nutzen Rechenstrategien und entwickeln vorteilhafte Lösungswege

→ Ü Seite 40

1 Rechne und trage ein.

a) $2 \cdot 90 =$ 180 b) $3 \cdot$ ☐ $= 180$ c) ☐ $\cdot 5 = 200$ d) $9 \cdot$ ☐ $= 360$

$5 \cdot 40 =$ ☐ $7 \cdot$ ☐ $= 490$ ☐ $\cdot 9 = 630$ $8 \cdot$ ☐ $= 720$

2 Rechne und trage ein. Die Umkehraufgabe kann dir dabei helfen.

a) $18 : 3 =$ 6 b) $27 : 9 =$ ☐ c) $24 : 4 =$ ☐ d) $54 : 6 =$ ☐

$180 : 30 =$ 6 $270 : 90 =$ ☐ $240 : 40 =$ ☐ $540 : 60 =$ ☐

$180 : 3 =$ 60 $270 : 9 =$ ☐ $240 : 4 =$ ☐ $540 : 6 =$ ☐

3 Rechne und trage ein.

a) $280 :$ 70 $= 4$ b) $350 :$ ☐ $= 7$ c) $720 :$ ☐ $= 80$ d) $560 :$ ☐ $= 70$

$280 :$ 7 $= 40$ $350 :$ ☐ $= 70$ $720 :$ ☐ $= 8$ $560 :$ ☐ $= 7$

e) $270 :$ ☐ $= 3$ f) $420 :$ ☐ $= 60$ g) $400 :$ ☐ $= 5$ h) $630 :$ ☐ $= 9$

$270 :$ ☐ $= 30$ $420 :$ ☐ $= 6$ $400 :$ ☐ $= 50$ $630 :$ ☐ $= 90$

4 Erfinde gemeinsam mit einem anderen Kind ein Spiel (Memory, Domino, …) zum Üben von Multiplikations- und Divisionsaufgaben.

5 Bestimme die Lösungen mithilfe der Umkehraufgabe.

a) ☐ $: 40 = 6$

☐ $: 30 = 7$

☐ $: 20 = 8$

☐ $: 60 = 8$

$6 \cdot 40 = 240$

b) ☐ $: 3 = 40$

☐ $: 4 = 90$

☐ $: 7 = 40$

☐ $: 8 = 70$

c) ☐ $: 10 = 5$

☐ $: 50 = 3$

☐ $: 5 = 80$

☐ $: 9 = 30$

6 Trage die größte passende Zehnerzahl ein.

a) $6 \cdot$ ☐ < 320 b) $8 \cdot$ ☐ < 410 c) $7 \cdot$ ☐ < 370 d) $9 \cdot$ ☐ < 560

$5 \cdot$ ☐ < 210 $6 \cdot$ ☐ < 190 $4 \cdot$ ☐ < 350 $3 \cdot$ ☐ < 300

★ erkennen mathematische Zusammenhänge und nutzen diese, um zu einer Lösung zu gelangen
★ bilden Aufgaben und entwickeln entsprechende Spielformen
★ lösen Aufgaben zur Multiplikation und Division im Zahlenraum bis 1 000

1 Beginne in jeder Zeile mit dem Ergebnis der vorherigen Zeile.

a)

360 : 40 = **9**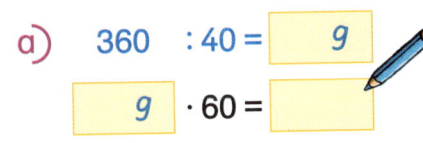

9 · 60 = [ ]

[ ] : 2 = [ ]

[ ] : 30 = [ ]

[ ] · 50 = [ ]

[ ] : 90 = [ ]

[ ] · 70 = [ ]

[ ] : 5 = 70

b)

400 : 80 = [ ]

[ ] · 60 = [ ]

[ ] : 10 = [ ]

[ ] · 8 = [ ]

[ ] · 2 = [ ]

[ ] : 80 = [ ]

[ ] · 90 = [ ]

[ ] : 6 = 90

c)

630 : 7 = [ ]

[ ] : 3 = [ ]

[ ] · 4 = [ ]

[ ] : 60 = [ ]

[ ] · 80 = [ ]

[ ] · 2 = [ ]

[ ] : 40 = [ ]

[ ] · 70 = 560

2 Fülle die Tabelle aus.

A		30	80	60	100	40	60	70	90	100
B		5	4					7		
A mal B		150		120		320			270	
A geteilt durch B					20		20			10

3 Berechne und trage ein.

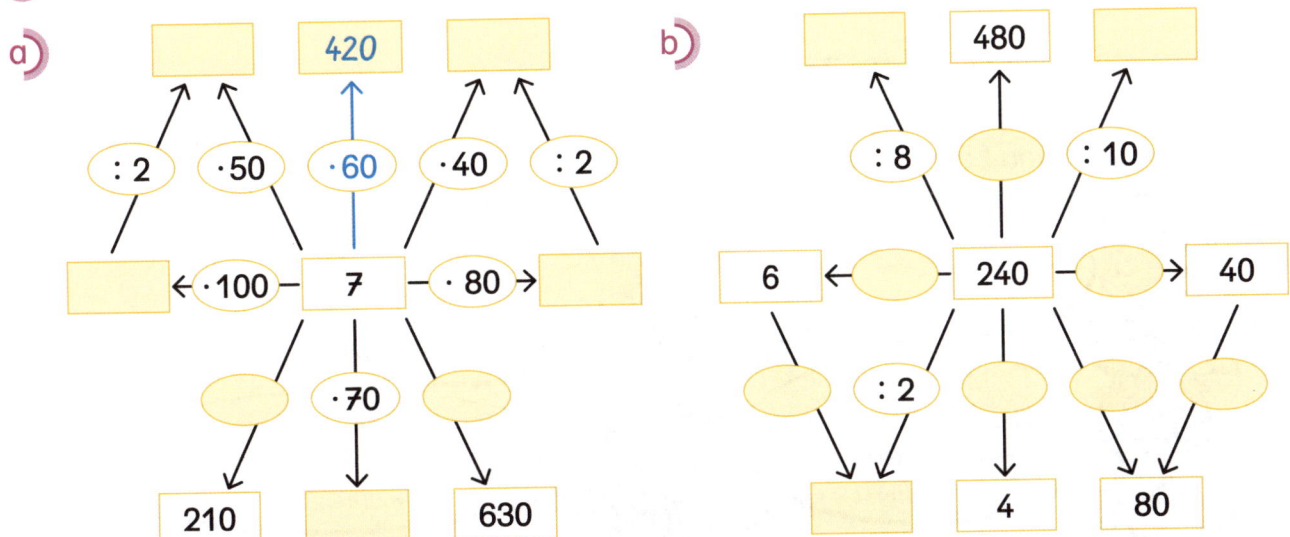

a)

b)

4 Entwickle selbst einen Rechenplan wie in Aufgabe **3**.

★ lösen Aufgaben zur Multiplikation und Division im Zahlenraum bis 1 000
★ erkennen und nutzen verschiedene Aufgabenstrukturen
★ entwickeln Aufgaben nach Vorgaben

Gesuchte Zahlen finden

Das 4-Fache heißt ④·.
Der 4. Teil heißt :④.

Das 4-Fache von 5 ist 20.
Der 4. Teil von 20 ist 5.

1 Schreibe passende Rechenaufgaben auf.

a) das 3-Fache von 50
$3 \cdot 50 = 150$

b) der 8. Teil von 320

c) das Doppelte von 90

d) die Hälfte von 240

e) das 40-Fache von 5

f) der 9. Teil von 540

2 Schreibe die beiden passenden Rechenaufgaben auf.

a) Addiere 50 zum 4. Teil von 400.
$400 : 4 = 100$
$100 + 50 = 150$

b) Subtrahiere 60 vom 4-Fachen von 90.

c) Verdopple das 5-Fache von 40.

d) Dividiere das 3-Fache von 80 durch 6.

e) Halbiere 800 und dividiere dann durch 40.

f) Halbiere das 40-Fache von 3.

3 Wie heißen die gesuchten Zahlen? Schreibe sie in dein Heft.
Finde selbst weitere Zahlenrätsel. Stelle sie einem anderen Kind vor.
Bitte es, seinen Lösungsweg zu beschreiben.

Mai-Lin: Meine Zahl ist um 30 kleiner als das Doppelte von 200.

Tim: Meine Zahl ist um 20 größer als der 3. Teil von 240.

Ole: Meine Zahl erhältst du, wenn du zum 5. Teil von 400 noch 120 addierst.

Maja: Addiere 100 zum Doppelten von 450. Dann erhältst du meine Zahl.

Lea: Meine Zahl ist um 50 größer als der 8. Teil von 400.

Janek: Dividiere den 5. Teil von 300 durch 2 und addiere dann 10. So erhältst du meine Zahl.

Seite 16 Aufgabe 3
Mai-Lin: 3 7 0

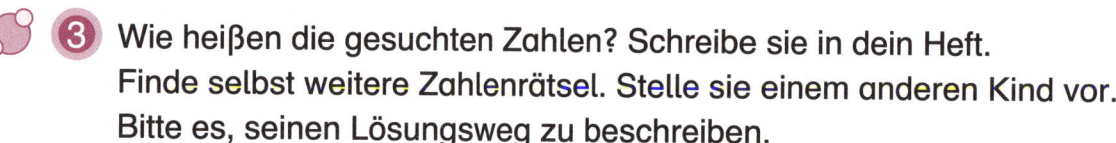

∗ verwenden Fachbegriffe richtig
∗ wenden ihre mathematischen Kenntnisse, Fähigkeiten und Fertigkeiten
bei der Bearbeitung herausfordernder Aufgaben an

Zu Sachsituationen passende Fragen und Rechnungen finden

1 Schreibe zu jeder Aussage eine passende Frage und danach die passende Rechnung auf. Überprüfe, ob dein Ergebnis stimmen kann. Lies dazu deine Frage nochmals.

a) Im Theater gibt es immer 40 Sitze in einer Reihe. Alle sieben Reihen sind voll besetzt.

Wie viele Plätze sind besetzt?
$7 \cdot 40 = 280$

b) Im Zirkuszelt gibt es 720 Plätze. In jeder Reihe können 80 Personen sitzen.

c) In der Konservenfabrik werden Dosen mit Gemüseeintopf in Kartons verpackt. In einen Karton passen 20 Dosen. Ein Lebensmittelhändler erhält eine Lieferung von fünf Kartons.

d) Die Lehrerin hat für 20 Kinder 160 Perlen zum Basteln besorgt. Jedes Kind erhält gleich viele Perlen.

e) Tim bekommt für sein Zimmer vier neue Sitzkissen. Seine Mutter gibt insgesamt 80 € aus.

2 Schreibe zu jeder Aufgabe eine kurze Rechengeschichte. Bitte zur Kontrolle ein anderes Kind, die passende Aufgabe zu finden.

a) $3 \cdot 50 = 150$

b) $350 : 70 = 5$

c) $70 \cdot 3 = 210$

d) $200 : 5 = 40$

Seite 17 Aufgabe 2
a) ...

3 Schreibe immer zwei Rechenaufgaben und den Antwortsatz auf.

a) Im Parkhaus am Marktplatz parken auf 4 Stockwerken jeweils 30 Autos. Zudem parken 15 Autos auf den Plätzen im Freien. Wie viele Autos parken dort insgesamt?

b) Lisa, Lea und Ole wollen 600 Einladungen zum Schulfest verteilen. Sie teilen sie gleichmäßig untereinander auf. Ole gibt seinem Bruder zum Auslegen an seiner Schule 50 Stück. Wie viele Einladungen muss Ole noch verteilen?

★ übersetzen Sachsituationen in ein mathematisches Modell
★ entnehmen relevante Informationen aus Texten
★ formulieren mathematische Fragestellungen

17

Malaufgaben mit zweistelligen Zahlen schrittweise lösen

$5 \cdot 23 = $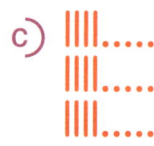

Ich rechne zuerst die Malaufgabe mit den Einern und dann die mit den Zehnern.

Ich rechne zuerst die Malaufgabe mit den Zehnern und dann die mit den Einern.

Janek

$5 \cdot 23 = 115$
$5 \cdot 20 = 100$
$5 \cdot 3 = 15$

Mai-Lin

$5 \cdot 23 = 115$
$5 \cdot 3 = 15$
$5 \cdot 20 = 100$

$5 \cdot 25 = 125$ weiß ich auswendig. Dann muss ich noch 10 subtrahieren.

Patrick

$5 \cdot 23 = 115$
$2 \cdot 23 = 46$
$3 \cdot 23 = 69$

Ich zerlege die Aufgabe in zwei Malaufgaben, die ich gut lösen kann.

Lena

$5 \cdot 23 = 115$
$5 \cdot 25 = 125$
$125 - 10 = 115$

1 Wie rechnest du die Aufgabe $5 \cdot 23$?
Begründe deine Wahl einem anderen Kind.

2 Schreibe zu jedem Bild die passende Malaufgabe auf. Notiere deinen Rechenweg.

a)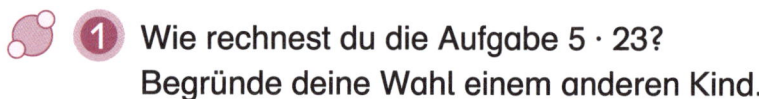

$4 \cdot 3\,1 = $ _____

b)

___ $\cdot$ ___ = _____

c)

___ $\cdot$ ___ = _____

3 Löse die Aufgaben. Notiere deinen Rechenweg.

a) $4 \cdot 2\,8 = $ _____

b) $3 \cdot 4\,9 = $ _____

c) $9 \cdot 7\,3 = $ _____

★ zerlegen Multiplikationsaufgaben mit zweistelligen Zahlen
★ nutzen Operationseigenschaften und Rechengesetze zum Lösen von Multiplikationsaufgaben mit mehrstelligen Faktoren

Zweistellige Zahlen in Schritten multiplizieren

1 Löse die Aufgaben. Notiere deinen Rechenweg.

a) $6 \cdot 54 =$ _____

b) $7 \cdot 68 =$ _____

c) $3 \cdot 74 =$ _____

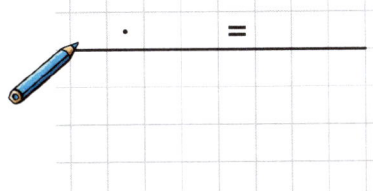

d) $5 \cdot 68 =$ _____

e) $6 \cdot 95 =$ _____

f) $4 \cdot 76 =$ _____

g) Denke dir selbst drei weitere Aufgaben aus.

___ $\cdot$ ___ = _____

___ $\cdot$ ___ = _____

___ $\cdot$ ___ = _____

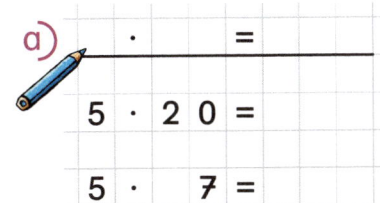

2 Bestimme, welche Aufgabe zu den Teilaufgaben gehört. Berechne die Ergebnisse.

a) ___ $\cdot$ ___ = _____

$5 \cdot 20 =$

$5 \cdot 7 =$

b) ___ $\cdot$ ___ = _____

$7 \cdot 8 =$

$7 \cdot 60 =$

c) ___ $\cdot$ ___ = _____

$4 \cdot 70 =$

$4 \cdot 9 =$

3 Löse die Aufgaben. Rechne die Teilaufgaben im Kopf.
Schreibe deinen Rechenweg mit den Ergebnissen der Teilaufgaben in Kurzform auf.

a) $5 \cdot 52 = \boxed{260}$

$250 + 10 = 260$

b) $3 \cdot 45 = \boxed{}$

c) $3 \cdot 81 = \boxed{}$

d) $7 \cdot 68 = \boxed{}$

e) $6 \cdot 32 = \boxed{}$

f) $6 \cdot 25 = \boxed{}$

g) Denke dir selbst drei weitere Aufgaben aus.

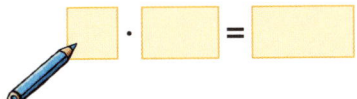

$\boxed{} \cdot \boxed{} = \boxed{}$

$\boxed{} \cdot \boxed{} = \boxed{}$

$\boxed{} \cdot \boxed{} = \boxed{}$

★ zerlegen Multiplikationsaufgaben mit zweistelligen Zahlen
★ übertragen ihre Kenntnisse über die Zahlensätze des kleinen Einmaleins in größere Zahlenräume

19

Malaufgaben mit zweistelligen Zahlen bilden und lösen

1 Bilde mit den drei Ziffern **3** **4** **8** Malaufgaben der Form ☐ · ☐☐ und löse sie.
Du darfst jede Ziffer bei jeder Aufgabe nur einmal verwenden.

a) Bilde alle sechs verschiedenen Aufgaben.

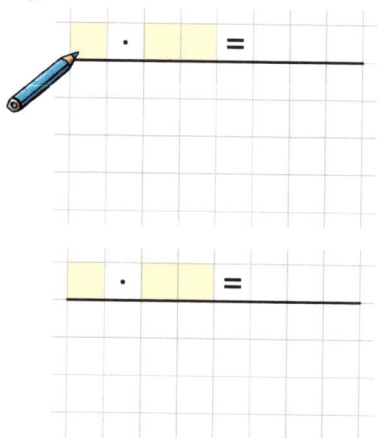

☐ · ☐☐ = _____   ☐ · ☐☐ = _____   _____ · ☐☐ =

☐ · ☐☐ = _____   ☐ · ☐☐ = _____   _____ · ☐ =

b) Bilde nur die Aufgaben mit dem größten
und dem kleinsten Ergebnis.

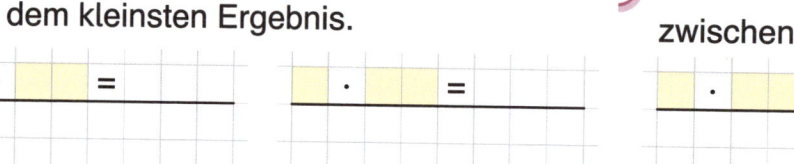

☐ · ☐☐ = _____   ☐ · ☐☐ = _____

c) Bilde eine Aufgabe, deren Ergebnis
zwischen 200 und 300 liegt.

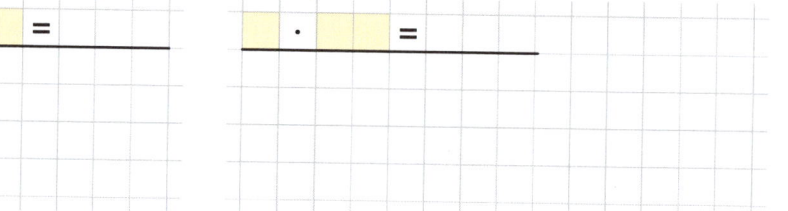

☐ · ☐☐ = _____

2 Manche dieser Aufgaben kannst du im Kopf lösen. Schreibe bei diesen nur das
Ergebnis auf. Notiere bei den anderen deinen Rechenweg mit den Ergebnissen
der Teilaufgaben in Kurzform.

a) 5 · 44 = ☐   **b)** 7 · 23 = ☐   **c)** 4 · 64 = ☐

d) 3 · 52 = ☐   **e)** 8 · 25 = ☐   **f)** 8 · 23 = ☐

g) 4 · 25 = ☐   **h)** 6 · 18 = ☐   **i)** 5 · 28 = ☐

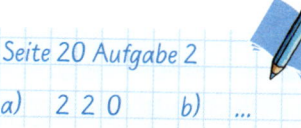

Seite 20 Aufgabe 2
a) 2 2 0   b) ...

3 Schreibe auf, ob dir Einmaleinsaufgaben mit Zehnerzahlen
leichtfallen oder ob du noch Schwierigkeiten hast, sie zu lösen.
Schreibe auf, was du noch üben solltest.

   8 3 6   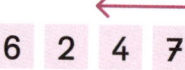 6 2 4 7    4 1 2 5 8    42   48  32

 ⋆ übertragen ihre Kenntnisse über die Zahlensätze des kleinen Einmaleins in größere Zahlenräume
⋆ wenden ihre mathematischen Kenntnisse, Fähigkeiten und Fertigkeiten
bei der Bearbeitung herausfordernder Aufgaben an

Malaufgaben in Aufgabenreihen lösen und ergänzen

1 Löse die Aufgaben. Was stellst du fest?

a) $2 \cdot 84 =$ _____ $4 \cdot 42 =$ _____ $8 \cdot 21 =$ _____

b) $2 \cdot 96 =$ _____ $4 \cdot 48 =$ _____ $8 \cdot 24 =$ _____

c) $2 \cdot 56 =$ _____ $4 \cdot 28 =$ _____ $8 \cdot 14 =$ _____

2 Ergänze die Aufgabenreihen nach dem Muster in Aufgabe **1**.

a) $2 \cdot 88 =$ _____ $4 \cdot 4\;\;\; =$ _____ $8 \cdot 2\;\;\; =$ _____

b) $2 \cdot 64 =$ _____ $4 \cdot 3\;\;\; =$ _____ $8 \cdot \;\;\; =$ _____

c) Finde selbst eine Aufgabenreihe.

★ lösen Multiplikationsaufgaben mit zweistelligen Zahlen in Schritten
★ erkennen mathematische Zusammenhänge und Strukturen in Aufgabenreihen

21

1 Wie rechnest du die Aufgabe 3 · 254? Begründe deine Wahl einem anderen Kind.

2 Schreibe zu jedem Bild die passende Malaufgabe. Notiere deinen Rechenweg.

a)

$4 \cdot 126 =$

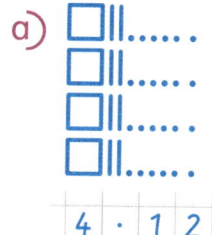

b)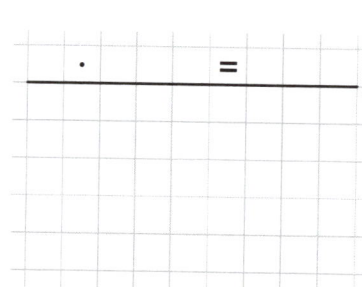

$\cdot \qquad =$

c)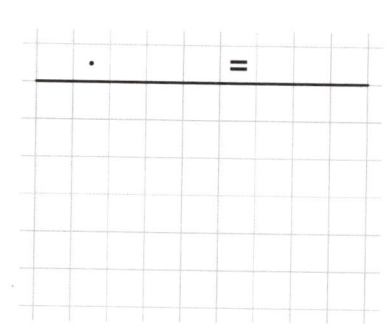

$\cdot \qquad =$

3 Löse die Aufgaben. Notiere deinen Rechenweg.

a) $3 \cdot 247 =$

b) $6 \cdot 152 =$

c) $3 \cdot 295 =$

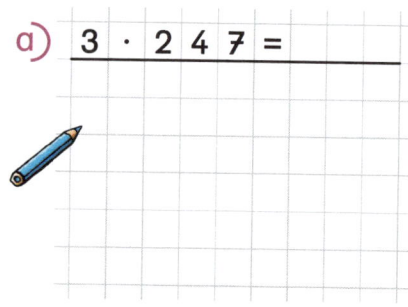

* lösen Aufgaben zur Multiplikation im Zahlenraum bis 1000
* nutzen Rechenstrategien und entwickeln vorteilhafte Lösungswege
* entscheiden passend zu einer Aufgabe, welche Art der Berechnung zur Lösung angemessen ist

→ Ü Seite 41

Dreistellige Zahlen in Schritten multiplizieren

1 Löse die Aufgaben. Notiere deinen Rechenweg.

a) $3 \cdot 3\ 2\ 4 =$ _____

b) $4 \cdot 2\ 1\ 5 =$ _____

c) $5 \cdot 1\ 9\ 9 =$ _____

d) Denke dir selbst drei weitere Aufgaben aus.

_____ · _____ = _____

_____ · _____ = _____

_____ · _____ = _____

2 Bestimme, welche Aufgabe zu den Teilaufgaben gehört. Berechne die Ergebnisse.

a) _____ · _____ = _____

$4 \cdot 2\ 0\ 0 =$ _____

$4 \cdot\ \ \ 3\ 0 =$ _____

$4 \cdot\ \ \ \ \ 7 =$ _____

b) _____ · _____ = _____

$5 \cdot\ \ \ \ \ 7 =$ _____

$5 \cdot\ \ \ 8\ 0 =$ _____

$5 \cdot 1\ 0\ 0 =$ _____

c) _____ · _____ = _____

$3 \cdot 3\ 2\ 0 =$ _____

$3 \cdot\ \ \ \ \ 9 =$ _____

3 Löse die Aufgaben. Rechne die Teilaufgaben im Kopf.
Schreibe deinen Rechenweg mit den Ergebnissen der Teilaufgaben in Kurzform auf.

a) $2 \cdot 324 =$ 648

   $600 + 40 + 8 = 648$

b) $4 \cdot 242 =$ _____

c) $3 \cdot 264 =$ _____

   _____

d) $5 \cdot 123 =$ _____

e) $2 \cdot 376 =$ _____

f) $4 \cdot 232 =$ _____

   _____

g) $6 \cdot 117 =$ _____

h) $3 \cdot 175 =$ _____

i) $5 \cdot 178 =$ _____

   _____

∗ zerlegen Multiplikationsaufgaben mit dreistelligen Zahlen
∗ übertragen ihre Kenntnisse über die Zahlensätze des kleinen Einmaleins auf größere Zahlenräume

23

Malaufgaben mit dreistelligen Zahlen bilden und lösen

1 Bilde mit den vier Ziffern  Malaufgaben der Form ▯ · ▯▯▯ und löse sie. Du darfst jede Ziffer bei jeder Aufgabe nur einmal verwenden.

a) Bilde die Aufgabe mit dem kleinsten Ergebnis.　　▯ · ▯▯▯ = ▯▯▯

b) Notiere alle Aufgaben mit einem Ergebnis, das kleiner als 1000 ist.

c) Wähle aus Aufgabe b) 3 Aufgaben aus und löse sie.

▯ · ▯▯▯ = ▯▯▯　　　▯ · ▯▯▯ = ▯▯▯　　　▯ · ▯▯▯ = ▯▯▯

2 Löse die Aufgaben im Kopf oder schreibe deinen Rechenweg in Kurzform auf.

a) 5 · 112 = ▭　　　　b) 3 · 333 = ▭　　　　c) 4 · 128 = ▭

d) 3 · 223 = ▭　　　　e) 2 · 316 = ▭　　　　f) 7 · 132 = ▭

3 Schreibe auf, ob dir Einmaleinsaufgaben mit Hunderterzahlen leichtfallen oder ob du noch Schwierigkeiten hast, sie zu lösen. Schreibe auf, was du noch üben solltest.

* lösen Aufgaben zur Multiplikation im Zahlenraum bis 1000
* nutzen Rechenstrategien und entwickeln vorteilhafte Lösungswege
* entscheiden passend zu einer Aufgabe, welche Art der Berechnung zur Lösung angemessen ist

Die Überschlagsrechnung anwenden

1 Tims Klasse hat bei einem Mal-Wettbewerb 100 € gewonnen.
Die Kinder überlegen, was sie für die Pausenkiste anschaffen können.

a) Überschlage, welche Anschaffungen möglich sind.

> 10 Springseile und 1 Basketball

> 4 Moonhopper und 2 Tennisschläger

> 5 Puzzlespiele und 1 Skateboard

80 € + 20 € = 100 €

möglich

> 10 Jonglierbälle und 4 Basketbälle

> 3 Skateboards

> 1 Paar Inlineskates, 2 Tennisschläger und 2 Stoppuhren

b) Suche selbst weitere Möglichkeiten.

2 Hier sind vier Aufgaben falsch. Finde sie mithilfe der Überschlagsrechnung.

a) $4 \cdot 23 = 138$
$4 \cdot 20 = 80$, falsch

$8 \cdot 48 = 324$

b) $3 \cdot 86 = 204$

$6 \cdot 69 = 414$

c) $22 \cdot 8 = 176$

$149 \cdot 5 = 545$

3 Finde mithilfe der Überschlagsrechnung heraus, welche Aufgaben- und Ergebniskärtchen zusammengehören. Verbinde sie. Welche Karten bleiben übrig?

| $6 \cdot 78$ | $7 \cdot 91$ | $7 \cdot 132$ | $8 \cdot 69$ | $6 \cdot 12$ | $82 \cdot 9$ | $9 \cdot 89$ | $5 \cdot 51$ |

| 637 | 924 | 468 | 72 | 801 | 552 | 255 | 690 |

★ begründen, ob Ergebnisse plausibel und richtig sind, indem sie die Überschlagsrechnung anwenden
★ überprüfen Ergebnisse durch Überschlag und Rückbezug auf den Sachzusammenhang

25

Zahlen mit Komma multiplizieren

SCHNEEGLÖCKCHEN BUND 1,30 €

KROKUS TOPF 1,80 €

HYAZINTHEN STÜCK 1,20 €

TULPEN STÜCK 0,40 €

NARZISSEN STÜCK 0,30 €

VERGISSMEINNICHT BUND 0,90 €

1 Berechne den Preis für folgende Einkäufe.

a)

7 · 40 ct = 280 ct
280 ct = 2,80 €

7 · 0,40 €

Seite 26 Aufgabe 1

a)   4 · 40 ct = 1 6 0 ct
           3 · 1 2 0 ct = 3 6 0 ct
   1 6 0 ct + 3 6 0 ct = 5 2 0 ct
              5 2 0 ct = 5,2 0 €

b)   ...

b)    c)    d)

 2 Tim kauft für seine Mutter einen Geburtstagsstrauß. Er gibt dafür 2,40 € aus.

Seite 26 Aufgabe 2

...

Welche Blumen hat Tim ausgesucht?
Finde gemeinsam mit einem anderen Kind mehrere Möglichkeiten.
Schreibe die Malaufgaben dazu in dein Heft.

3 Die Marktfrau hat sich für Blumen, die sie häufig verkauft, Tabellen angefertigt.
Damit kann sie schnell die Preise für einen Strauß bestimmen. Fülle die Tabelle aus.

TULPEN

Stück	1	2	3	4	5	6	7	8	9	10
Preis	0,40 €									

HYAZINTHEN

Stück	1	2	3	4	5	6	7	8	9	10
Preis										

NARZISSEN

Stück	1	2	3	4	5	6	7	8	9	10
Preis										

∗ stellen Größenangaben in unterschiedlichen Schreibweisen dar
∗ lösen Sachsituationen mit Größen

→ Ü Seite 42

Große Zahlen in Schritten dividieren

Ich zerlege in passende Aufgaben.

$592 : 8 = \square$

Ich suche zuerst die größte Zahl mit Hundertern und Zehnern, die ich durch 8 teilen kann.

Paul

$$592 : 8 = 74$$
$$400 : 8 = 50$$
$$160 : 8 = 20$$
$$32 : 8 = 4$$

Meral

$$592 : 8 = 74$$
$$560 : 8 = 70$$
$$32 : 8 = 4$$

1 Wie rechnest du die Aufgabe $592 : 8$? Begründe deine Wahl einem anderen Kind.

2 Zerlege in Teilaufgaben. Benutze das Zehner-Einmaleins und das kleine Einmaleins. Rechne mit deinem Rechenweg.

a) $477 : 9 =$

b) $205 : 5 =$

c) $472 : 8 =$

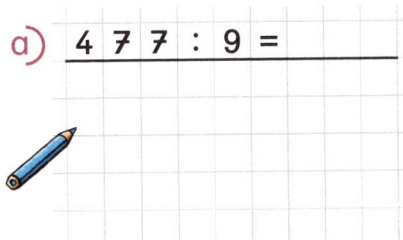

3 Vergleiche deine Zerlegungen in Aufgabe **2** mit denen anderer Kinder. Besprecht Vorteile und Nachteile.

4 Bestimme, welche Aufgabe zu den Teilaufgaben gehört. Berechne das Ergebnis.

a) $237 : 3 = 79$
$$210 : 3 = 70$$
$$27 : 3 = 9$$

b) $\square : \square = \square$
$$700 : 7 = 100$$
$$140 : 7 = 20$$
$$14 : 7 = 2$$

c) $\square : \square = \square$
$$420 : 6 = 70$$
$$36 : 6 = 6$$

5 Finde die passende Aufgabe. Berechne die Ergebnisse.

a) $135 : 5 = 27$
$$100 : 5 = 20$$
$$35 : 5 = 7$$

b) $\square : \square = \square$
$$490 : 7 = \square$$
$$63 : 7 = \square$$

c) $\square : \square = \square$
$$180 : 3 = \square$$
$$15 : 3 = \square$$

  7 3 5   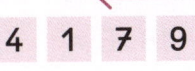 4 1 7 9   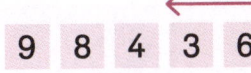 9 8 4 3 6   35   36   54

→ Ü Seite 43

★ zerlegen Zahlen im Zahlenraum bis 1000 und erläutern dabei Zusammenhänge und Strukturen

★ nutzen und erklären Rechenstrategien und entwickeln vorteilhafte Lösungswege

In Schritten dividieren üben

1 Löse die Aufgaben. Notiere deinen Rechenweg.

$3\ 2\ 8 : 4 =$ _____

$3\ 2\ 0 : 4 = 8\ 0$

$8 : 4 = \quad 2$

$5\ 8\ 8 : 7 =$ _____

$3\ 6\ 5 : 5 =$ _____

2 Löse die Aufgaben. Was stellst du fest?

a) $5\ 4 : 2 =$ _____

$1\ 0\ 8 : 4 =$ _____

$2\ 1\ 6 : 8 =$ _____

b) $1\ 0\ 5 : 3 =$ _____

$2\ 1\ 0 : 6 =$ _____

$3\ 1\ 5 : 9 =$ _____

3 Löse die Aufgaben. Was stellst du fest?

a) $2\ 2\ 4 : 2 =$ _____

$2\ 2\ 4 : 4 =$ _____

$2\ 2\ 4 : 8 =$ _____

b) $3\ 7\ 8 : 3 =$ _____

$3\ 7\ 8 : 6 =$ _____

$3\ 7\ 8 : 9 =$ _____

4 Suche und ergänze die passenden Teilaufgaben.
Male die Kärtchen jeweils in der gleichen Farbe aus.

$512 : 8 = \boxed{64}$	$291 : 3 = \Box$	$258 : 6 = \Box$	$675 : 9 = \Box$	$198 : 3 = \Box$
$270 : 3 = \Box$	$180 : 3 = \Box$	$630 : 9 = \Box$	$240 : 6 = \Box$	$480 : 8 = \boxed{60}$
$45 : 9 = \Box$	$21 : 3 = \Box$	$32 : 8 = \boxed{4}$	$18 : 3 = \Box$	$18 : 6 = \Box$

* zerlegen Zahlen im Zahlenraum bis 1 000 passend
* nutzen Rechstrategien und entwickeln vorteilhafte Lösungswege

Multiplikation und Division üben

1 Löse die Aufgaben. Kontrolliere mit der Umkehraufgabe.

a) 6 0 2 : 7 = _____

b) 3 9 0 : 6 = _____

c) 6 6 6 : 9 = _____

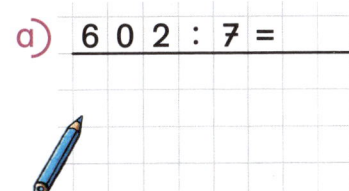

2 Finde die Fehler. Korrigiere sie.

8 2 · 7 = ~~5 0 4~~ 5 7 4   7 8 · 4 = 2 1 2   4 9 · 8 = 4 0 8

8 0 · 7 = ~~4 9 0~~ 5 6 0   7 0 · 4 = 2 8 0   5 0 · 8 = 4 0 0

  2 · 7 =   1 4   8 · 4 =   3 2   4 0 0 + 8 = 4 0 8

3 Löse die Zahlenrätsel.

Meine Zahl erhältst du, wenn du 5 und 25 multiplizierst.

Meine Zahl erhältst du, wenn du 368 durch 8 dividierst.

Wenn du meine Zahl durch 9 dividierst, erhältst du 36.

4 Schreibe selbst zwei Zahlenrätsel. Lass sie von einem anderen Kind lösen.

★ nutzen Zusammenhänge und Rechenstrategien beim Lösen und Kontrollieren
★ wenden ihre mathematischen Kenntnisse, Fähigkeiten und Fertigkeiten
bei der Bearbeitung herausfordernder Aufgaben an

29

Divisionsaufgaben mit Rest lösen

458 : 60 = ☐ Rest ☐

Ich suche die größte Zahl, die ich durch 60 teilen kann, und rechne 420 : 60 = 7. Dann bleibt 38 als Rest.

458 : 60 = 7 Rest 38
420 : 60 = 7
38

Ich zerlege in passende Aufgaben.

458 : 60 = 7 Rest 38
300 : 60 = 5
120 : 60 = 2
38

1 Wie rechnest du die Aufgabe 458 : 60? Begründe deine Wahl einem anderen Kind.

2 Löse die Aufgaben schrittweise mit deinem Rechenweg.
Zerlege in passende Teilaufgaben. Suche zuerst Teilaufgaben ohne Rest.

a) 2 9 0 : 5 0 =   Rest

b) 3 5 4 : 4 0 =   Rest

3 Bestimme, welche Aufgabe zu den Teilaufgaben gehört. Berechne das Ergebnis.

a) ☐ : ☐ = ☐ Rest ☐
280 : 40 = 7
31

b) ☐ : ☐ = ☐ Rest ☐
640 : 80 = 8
42

c) ☐ : ☐ = ☐ Rest ☐
700 : 70 = 10
140 : 70 = 2
52

d) ☐ : ☐ = ☐ Rest ☐
600 : 60 = 10
240 : 60 = 4
57

4 Bei den Lösungen der Aufgaben ist ein zu großer Rest übrig geblieben. Rechne neu.
Überlege mit einem anderen Kind, ob man die richtige Lösung auch entdecken kann, ohne die Aufgaben neu zu rechnen.

a) 330 : 40 = 7 Rest 50   480 : 50 = 8 Rest 80   640 : 90 = 6 Rest 100
    330 : 40 = 8 Rest 10

b) 240 : 70 = 2 Rest 100   440 : 60 = 6 Rest 80   180 : 50 = 2 Rest 80

★ nutzen und erklären Rechenstrategien und entwickeln vorteilhafte Lösungswege
★ lösen Aufgaben zur Division mit Rest im Zahlenraum bis 1 000

Divisionsaufgaben mit Rest üben

1 Zerlege in Teilaufgaben. Rechne mit deinem Rechenweg.

a) 2 2 9 : 3 = _____ Rest _____

b) 4 6 0 : 8 = _____ Rest _____

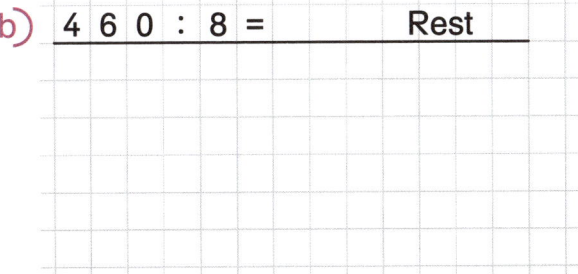

c) 1 7 7 : 5 = _____ Rest _____

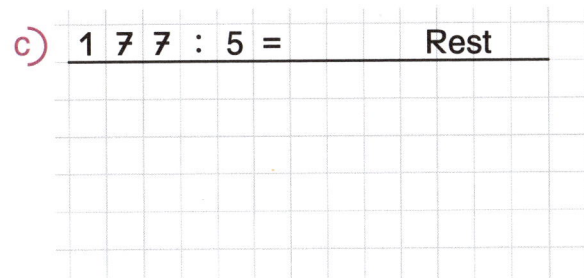

d) 5 4 9 : 6 = _____ Rest _____

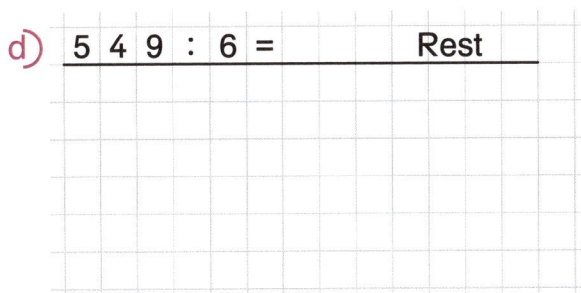

2 Löse die Aufgaben schrittweise. Suche zuerst Teilaufgaben ohne Rest.

a) 4 5 8 : 6 0 = _____ Rest _____

b) 5 2 2 : 8 0 = _____ Rest _____

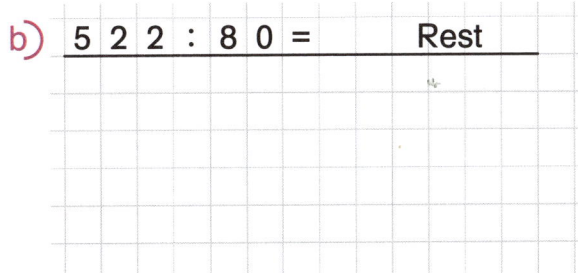

c) 3 8 4 : 4 0 = _____ Rest _____

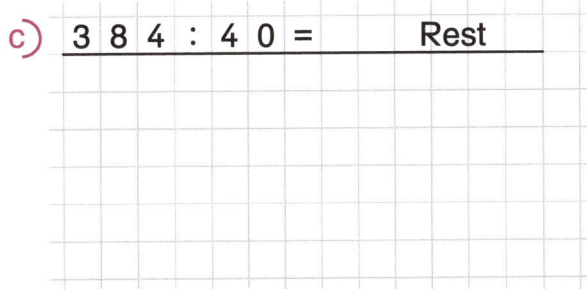

d) 1 9 2 : 3 0 = _____ Rest _____

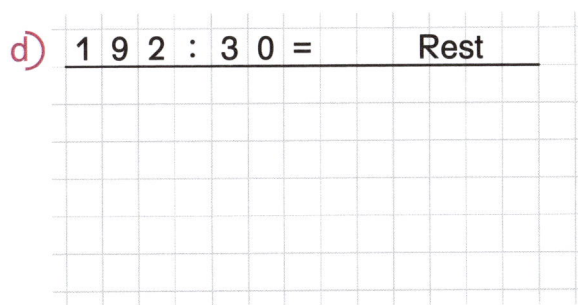

e) 5 8 4 : 7 0 = _____ Rest _____

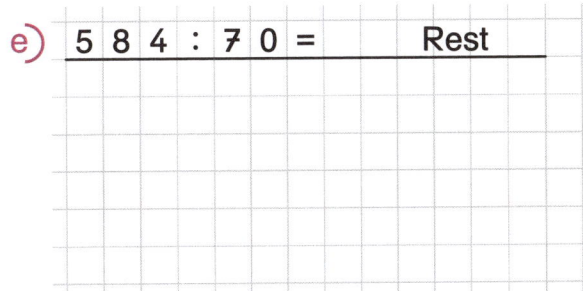

f) 6 8 5 : 9 0 = _____ Rest _____

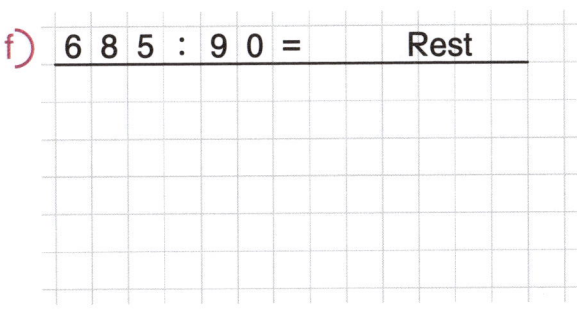

★ lösen Aufgaben zur Division mit und ohne Rest im Zahlenraum bis 1 000
★ nutzen Rechenstrategien und entwickeln vorteilhafte Lösungswege

31

Die Punkt-vor-Strich-Regel kennenlernen

Mathematiker haben festgelegt: immer zuerst mal und geteilt rechnen, erst dann plus und minus.

$7 + 2 \cdot 6 = 7 + 12 = 19$

$3 + 35 : 7 = 3 + 5 = 8$

$9 - 42 : 6 = 9 - 7 = 2$

$4 \cdot 25 + 3 = 100 + 3 = 103$

Punktrechnung (· und :)

vor Strichrechnung (+ und −)

1 Löse die Aufgaben. Beachte die Punkt-vor-Strich-Regel.

a) $60 \cdot 6 + 15 = \underline{360 + 15 = 375}$

    $7 + 5 \cdot 80 = $ _____

    $50 \cdot 9 - 9 = $ _____

    $200 : 4 + 25 = $ _____

b) $16 + 360 : 60 = $ _____

    $90 - 250 : 5 = $ _____

    $400 - 70 \cdot 5 = $ _____

    $300 + 700 : 70 = $ _____

2 Löse die Aufgaben.

$6 \cdot 25 + 6 \cdot 75 = $ _____

$6 \cdot 16 + 6 \cdot 84 = $ _____

$6 \cdot 73 + 6 \cdot 27 = $ _____

$6 \cdot 46 + 6 \cdot 54 = $ _____

a) Betrachte die Ergebnisse und überlege, wie es zu diesen Ergebnissen kommt. Du kannst auch Legematerial benutzen.

b) Stelle selbst solche Aufgaben zusammen.

_____

_____

_____

_____

_____

_____

_____

_____

c) Stelle deine Aufgaben und deine Entdeckungen einem anderen Kind vor.

 3 5 9   4 2 8 7   8 1 5 6 9   27 28 72

32 ⋆ nutzen Rechengesetze zum Lösen von Aufgaben
⋆ stellen Vermutungen über Zusammenhänge und Strukturen an
und begründen sie anhand von selbst gewählten Beispielen

→ Ü Seite 44

Die Punkt-vor-Strich-Regel in Sachsituationen anwenden

1 Schreibe zu jeder Aufgabe die passende Rechnung
auf und berechne das Ergebnis.

a) Tim kauft drei Päckchen mit je 10 Kaugummis.
Lea schenkt ihm noch drei von ihren Kaugummis.

R: $3 \cdot 10 + 3 =$

b) Ole bekommt vier Päckchen mit Sammelbildern.
In jedem Päckchen sind fünf Bilder. Seinem Bruder
schenkt er sechs Sammelbilder.

c) Drei Kinder teilen sich 12 Schokoküsse gleichmäßig auf.
Eines der Kinder verschenkt zwei seiner Schokoküsse.

d) Mama, Papa und ihre zwei Kinder teilen 12 Muffins gleichmäßig untereinander auf. 2 Muffins sind vom Vortag übrig. Diese bekommt Papa.

2 Schreibe selbst Rechengeschichten.

a) zur Rechnung: $5 \cdot 3 + 4 = 19$

b) zur Rechnung: $21 : 3 - 2 = 5$

c) zur Rechnung: $3 + 2 \cdot 4 = 11$

★ übersetzen Sachsituationen in ein mathematisches Modell
★ nutzen Rechengesetze zum Lösen von Aufgaben
★ finden zu vorgegebenen Rechnungen passende Sachsituationen

33

Verdoppeln und halbieren

Verdoppeln

Verdoppeln heißt
②⋅ oder ⋅②.

35 + 35 = 70
2 · 35 = 70

Halbieren

Halbieren
heißt :②.

84 = 42 + 42
84 : 2 = 42

1 Verdopple. Schreibe auf, wie du rechnest.

a) 24

b) 56

c) 98

d) 77

e) 65

f) 87

g) 263

h) 357

i) 491

k) 135

l) 254

m) 388

2 Halbiere. Schreibe auf, wie du rechnest.

a) 36

b) 82

c) 76

d) 58

e) 94

f) 70

g) 232

h) 486

i) 394

k) 124

l) 644

m) 876

| 3 | 2 | 7 | | 6 | 2 | 7 | 9 | | 8 | 4 | 3 | 5 | 7 |

21   54   56

* übertragen bisherige Kenntnisse auf den erweiterten Zahlenraum
* erkennen und nutzen mathematische Zusammenhänge

Malaufgaben verdoppeln und halbieren

1 Berechne das Doppelte. Rechne wie Max und wie Maja.

a) 3 · 40
   6 · 40 = 240
   3 · 80 = 240

b) 5 · 80

c) 2 · 174

d) 4 · 90

e) 5 · 72

f) 3 · 125

g) 3 · 43

h) 6 · 53

i) 4 · 25

2 Berechne die Hälfte auf zwei Arten.
Begründe, warum es nicht immer möglich ist.
Besprich deine Überlegungen mit einem anderen Kind.

a) 4 · 60
   2 · 60 = 120
   4 · 30 = 120

b) 8 · 80

c) 10 · 40

d) 8 · 90

e) 6 · 25

f) 4 · 43

g) 8 · 120

h) 2 · 424

i) 6 · 125

⋆ übertragen bisherige Kenntnisse auf den erweiterten Zahlenraum
⋆ erkennen mathematische Zusammenhänge
⋆ erklären Beziehungen an Beispielen und vollziehen Begründungen anderer nach

Gerade und ungerade Zahlen unterscheiden

Gerade Zahlen kann man in zwei gleiche Teile zerlegen. Sie haben beim Halbieren keinen Rest.

Ungerade Zahlen kann man nur in zwei ungleiche Teile zerlegen.

$$34 : 2 = 17$$
$$30 : 2 = 15$$
$$4 : 2 = 2$$

$34 = 17 + 17$

$35 = 17 + 18$

$$35 : 2 = 17 \text{ Rest } 1$$
$$30 : 2 = 15$$
$$5 : 2 = 2 \text{ Rest } 1$$

1 Halbiere die Zahlen.

a) $50 : 2 = 25$

b) $80 : 2 =$

c) $70 : 2 =$

d) $120 : 2 =$

e) $460 : 2 =$

f) $820 : 2 =$

2 Halbiere die Zahlen. Rechne in Schritten.

a) 64

$6\ 4\ :\ 2\ =$

b) 57

c) 36

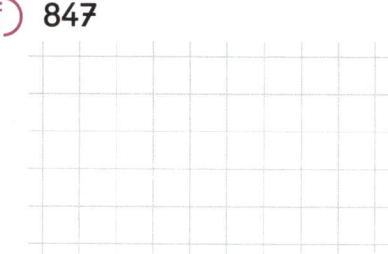

d) 148

e) 225

f) 847

3 Male Felder mit geraden Zahlen grün und Felder mit ungeraden Zahlen rot aus.

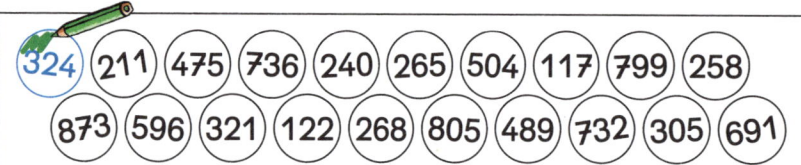

324 211 475 736 240 265 504 117 799 258
873 596 321 122 268 805 489 732 305 691

4 Schreibe in dein Lerntagebuch, woran du gerade und ungerade Zahlen erkennen kannst.

★ übertragen bisherige Kenntnisse auf den erweiterten Zahlenraum
★ unterscheiden gerade und ungerade Zahlen
★ erkennen mathematische Zusammenhänge und begründen sie

Mit der Hand und der Kleiderbügelwaage „wiegen"

1 Vergleiche mit den Händen jeweils zwei
der Gegenstände nach ihrem Gewicht.
Lege sie dem Gewicht nach geordnet in eine Reihe.
Beginne mit dem leichtesten Gegenstand.

> Das Buch ist schwerer als das Mäppchen.

2 Überprüfe dein
Ergebnis mit einer
Kleiderbügel-
waage.

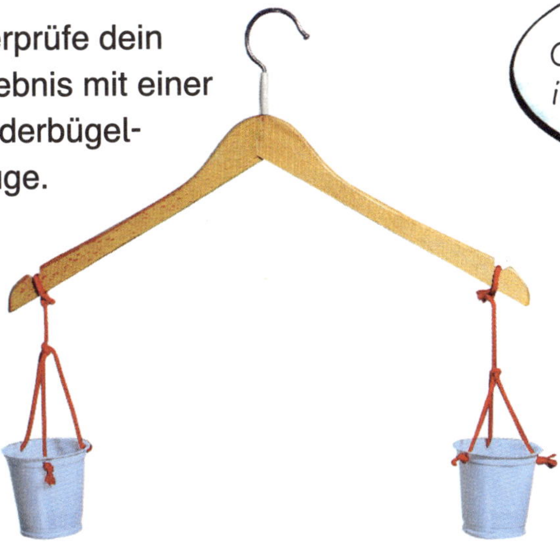

> Für größere Gegenstände benutze ich Plastiktüten statt Becher.

3 Suche selbst weitere Gegenstände,
die du mit der Kleiderbügelwaage
nach ihrem Gewicht vergleichst.

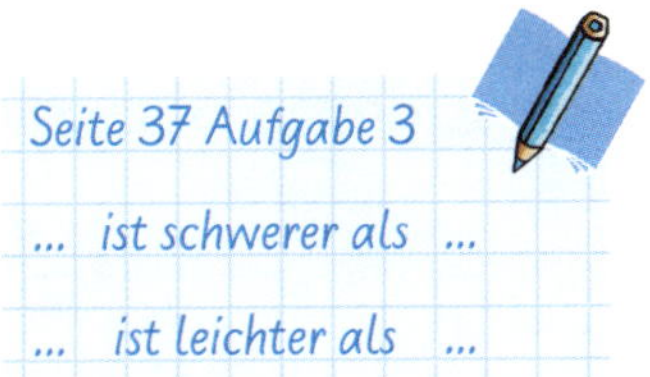

Seite 37 Aufgabe 3

... ist schwerer als ...

... ist leichter als ...

4 Überprüfe die Aussagen mithilfe der Kleiderbügelwaage. Kreuze an.

a) Der Bleistift ist leichter als die Schere.　◯ richtig　◯ falsch

b) Die Schere ist schwerer als das Buch.　◯ richtig　◯ falsch

c) Das Buch ist leichter als der Stift.　◯ richtig　◯ falsch

d) Der Radiergummi ist leichter als das Lineal.　◯ richtig　◯ falsch

5 Besprich mit einem anderen Kind, ob man mit den Händen oder der Kleiderbügelwaage das Gewicht von Gegenständen immer genau vergleichen kann.

★ vergleichen und ordnen Gegenstände nach ihrem Gewicht
★ nutzen geeignete Hilfsmittel

Mit Balkenwaage und Tafelwaage arbeiten

1 Mit der Balkenwaage oder der Tafelwaage kann man das Gewicht fast gleich schwerer Gegenstände genau vergleichen.

a) Suche jeweils zwei Gegenstände, die ungefähr gleich schwer sind.
Vergleiche ihr Gewicht mit der Balkenwaage oder Tafelwaage.
Schreibe die Ergebnisse von fünf Vergleichen auf.

b) Vergleiche nun drei der Gegenstände nach ihrem Gewicht.
Ergänze dazu die Pfeilbilder:

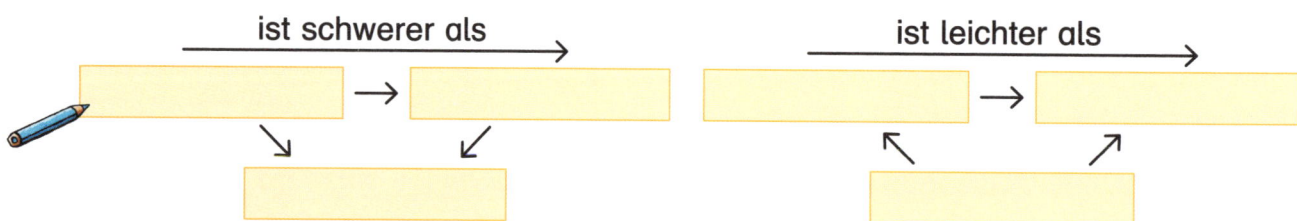

2 Suche gemeinsam mit einem anderen Kind weitere Gegenstände, die ihr nach ihrem Gewicht vergleicht. Schätzt zuerst und vergleicht dann mit der Balkenwaage oder der Tafelwaage.

3 Besprich mit einem anderen Kind, was ihr mit der Balkenwaage oder der Tafelwaage feststellen konntet. Könnt ihr damit auch feststellen, wie schwer ein Gegenstand ist oder um wie viel schwerer er ist? Was braucht ihr dazu?

★ vergleichen und ordnen Gegenstände nach ihrem Gewicht
★ nutzen geeignete Messgeräte

Mit unterschiedlichen Maßeinheiten wiegen

1 Arbeite gemeinsam mit einem anderen Kind.

a) Bestimmt das Gewicht folgender Gegenstände mithilfe von Steckwürfeln, Holzwürfeln, Schrauben, Büroklammern oder Streichhölzern.

– Ein ganzes Stück weiße Kreide ist so schwer wie _____

– Der Bleistift der Lehrerin/des Lehrers ist so schwer wie _____

– Eine Armbanduhr ist so schwer wie _____

– Die CD mit Hülle ist so schwer wie _____

– _____ ist so schwer wie _____

– _____ ist so schwer wie _____

b) Vergleicht eure Ergebnisse mit denen anderer Kinder.
Überlegt gemeinsam, welche Ergebnisse ihr gut vergleichen könnt.

2 Nutzt die Balkenwaage und Gewichtsstücke.

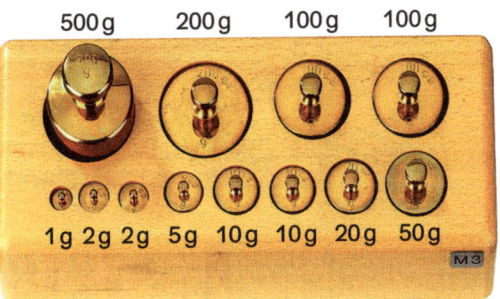

Mit Gewichtsstücken können alle das Gewicht eindeutig bestimmen.
1 g = 1 Gramm

a) Bestimmt das Gewicht der gleichen Gegenstände wie in Aufgabe **1**.
Verwendet dazu immer möglichst wenige Gewichtsstücke.

Mäppchen	$200\,g + 100\,g + 50\,g + 10\,g + 2\,g = 362\,g$
weiße Kreide	
Bleistift	
Armbanduhr	
CD mit Hülle	

b) Vergleicht eure Ergebnisse mit denen anderer Kinder. Was fällt euch auf?

★ messen Größen mit genormten und nicht genormten Maßeinheiten
★ leiten aus eigenen Versuchen und Vergleichen mit den Ergebnissen anderer Kinder die Notwendigkeit genormter Einheiten ab
★ verwenden die Abkürzungen der standardisierten Maßeinheiten

1 Suche Gegenstände, die etwa so schwer sind wie die einzelnen Gewichtsstücke.

Verwende dazu die Balken- oder Tafelwaage. Schreibe deine Ergebnisse auf.

2 Auf Lebensmittelverpackungen stehen fast immer Gewichtsangaben.

a) Erkunde zu Hause oder beim nächsten Einkauf, welche Gewichtsangaben sich auf verschiedenen Verpackungen finden. Notiere deine Ergebnisse auf einem Zettel.

b) Bringe leere oder volle Verpackungen mit in die Schule, auf denen du Gewichtsangaben findest. Stelle sie auf einem Ausstellungstisch aus.

c) Betrachte euren Ausstellungstisch. Welche Lebensmittel wiegen 1 000 g? Welche 500 g, 250 g, 100 g?

3 Ordne folgenden Dingen die passende Gewichtsangabe zu. Verbinde.

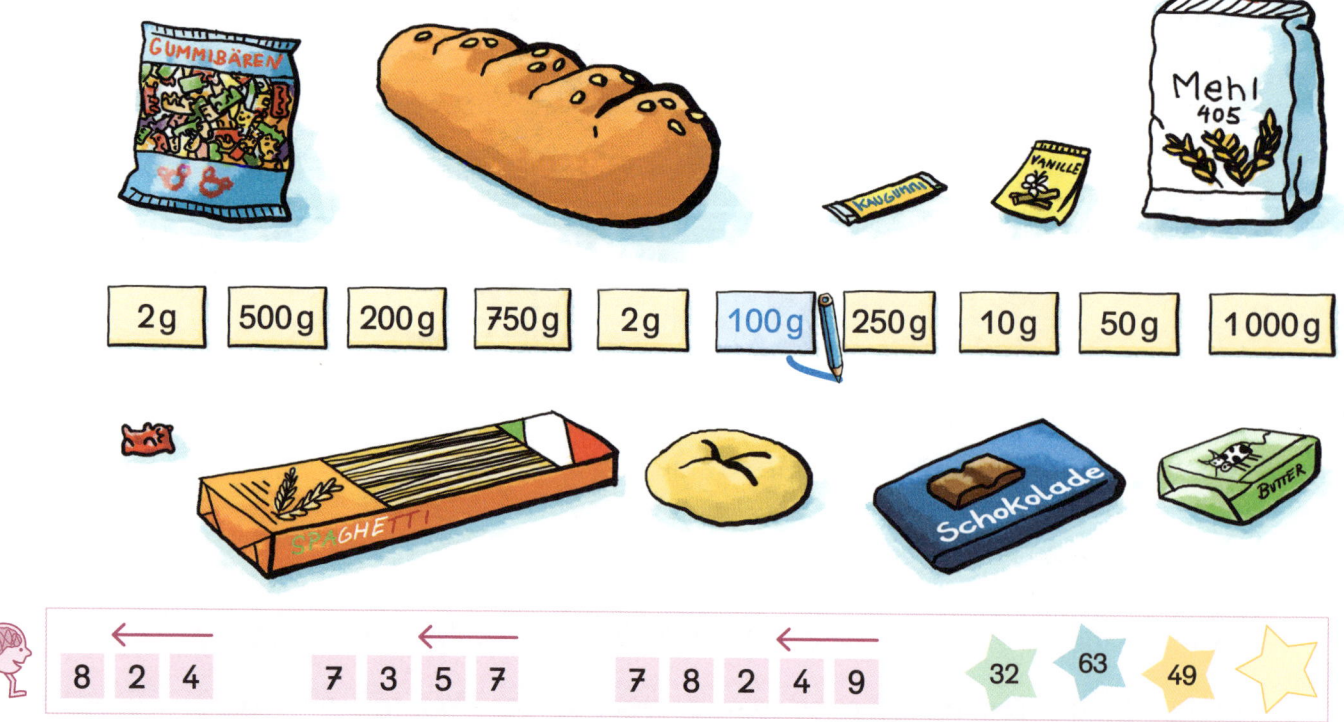

* finden zu verschiedenen Gewichtsangaben entsprechende Repräsentanten in ihrer Lebenswelt

Die Einheit Kilogramm und verschiedene Waagen kennenlernen

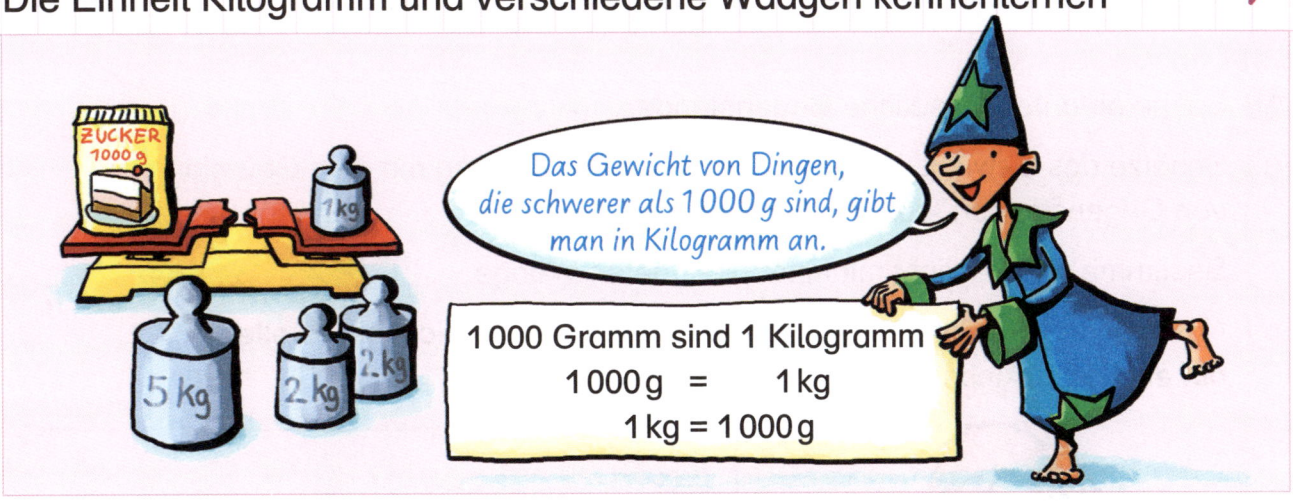

Das Gewicht von Dingen, die schwerer als 1000 g sind, gibt man in Kilogramm an.

1000 Gramm sind 1 Kilogramm
$$1000\,g = 1\,kg$$
$$1\,kg = 1000\,g$$

1 Es gibt verschiedene Waagen, um das Gewicht von Dingen zu bestimmen. Überlege, wo die Waagen genutzt werden und was damit gewogen wird. Besprich deine Überlegungen mit anderen Kindern oder auch mit deinen Eltern.

Briefwaage

Tafelwaage

Digitale Personenwaage

Verkaufswaage

Küchenwaage

Personenwaage

Balkenwaage

Zeigerwaage

★ lernen verschiedene Messinstrumente (Waagen), ihre Bezeichnungen und ihre geeignete Verwendung kennen

1 Suche dir unterschiedliche Gegenstände.

a) Schätze das Gewicht. Vergleiche es in der Vorstellung mit dem Gewicht von Gegenständen, das du schon kennst.

b) Bestimme das Gewicht mit einer geeigneten Waage.

c) Notiere alles auf Zetteln, die du anschließend an der richtigen Stelle auf ein Plakat klebst.

2 An das Plakat haben andere Kinder bereits Ergebnisse geheftet. Überprüfe die Gewichtsangabe von mindestens einem Gegenstand.

Bestätige das Ergebnis mit deinem Namen. Bei ungleichem Ergebnis müsst ihr gemeinsam eine Klärung finden.

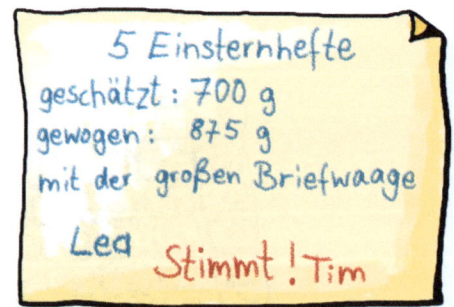

3 Schätze, wie schwer die Gegenstände insgesamt sind, die du im Laufe eines Tages in die Hand nimmst. Schreibe deine Überlegungen auf. Vergleiche deine Überlegungen und Ergebnisse mit denen anderer Kinder. Überlegt Möglichkeiten, um zu einem genauen Ergebnis zu kommen.

★ finden zu verschiedenen Gewichtsangaben Repräsentanten in ihrer Lebenswelt
★ bestimmen das Gewicht von Gegenständen mit geeigneten Messinstrumenten

→ Ü Seite 45

1 Kreise in jeder Zeile das passende Gewicht ein.

Gegenstand	Gewicht				
1 Packung Mehl	200 g	(1 000 g)	100 g	5 kg	500 g
1 Tafel Schokolade	1 kg	250 g	500 g	100 g	3 kg
1 Packung Butter	250 g	500 g	100 g	1 kg	750 g
1 Arbeitsblatt	10 g	5 g	100 g	80 g	1 kg
1 Teebeutel	100 g	10 g	2 g	80 g	50 g
1 Sack Kartoffeln	500 g	150 g	750 g	1 000 g	5 kg
1 Gummibärchen	100 g	10 g	2 g	200 g	50 g
1 Becher Sahne	100 g	50 g	750 g	200 g	500 g
1 Fußball	100 g	400 g	1 kg	800 g	2 kg
1 Tennisball	100 g	60 g	500 g	1 kg	200 g

> Mein Zauberstab ist leichter als dein Mäppchen.

2 Ergänze die folgenden Aussagen.

_____ ist schwerer als _____ .

_____ ist leichter als _____ .

_____ ist ungefähr doppelt so schwer wie _____ .

_____ ist ungefähr halb so schwer wie _____ .

_____ wiegt ungefähr das Zehnfache von _____ .

_____ wiegt ungefähr ein Viertel von _____ .

3 Trage in die Pfeilbilder passende Gegenstände ein.

ist schwerer als →   ist leichter als →

★ ordnen verschiedenen Gegenständen aus ihrer Lebenswelt passende Gewichtsangaben zu
★ vergleichen und ordnen Gegenstände nach ihrem Gewicht

43

1 Bestimme das Gewicht deiner Schultasche und ihres Inhalts.

a) Schreibe zuerst alle Gegenstände in die Tabelle.
Schätze ihr Gewicht und schreibe es dazu.

b) Bestimme das Gewicht der einzelnen Gegenstände
durch Wiegen und schreibe es dazu.
Wie genau hast du geschätzt?

c) Bestimme das Gesamtgewicht der vollen Tasche
durch Addieren.

d) Deine Tasche sollte höchstens etwa 3 kg wiegen.
(Die Empfehlung sagt: höchstens den zehnten Teil
des Körpergewichts.)
Was könntest du zu Hause lassen, damit deine
Tasche leichter wird? Kreuze es in der Tabelle an.

Gegenstand	Gewicht geschätzt	Gewicht gewogen	kann zu Hause bleiben
leere Schultasche			
insgesamt			

 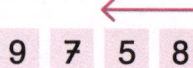 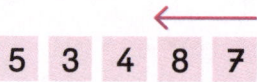 

* schätzen und messen das Gewicht von Gegenständen mit standardisierten Maßeinheiten

Das Gewicht einer Einkaufstasche bestimmen

Speisekartoffeln
Sorte „Prinzess",
aus der Heide,
Kl. I, 1 kg = 0.65 €
je 2-kg-Beutel

1⁢²⁹

**Sahne-
Heringsfilets**
1 kg = 2.48 €
400-g-Schale

0⁹⁹

Jagdwurst
mit grober
Fleischeinlage
SB verpackt,
1 kg = 3.78 €
je 500-g-Stück

1⁸⁹

Käse
franz. Weichkäse,
58% Fett i. Tr.
100 g = 1.50 €
je 200-g-Stück

2⁹⁹

Teigwaren
verschiedene
Ausformungen
je 1-kg-Beutel

0⁹⁹

China
Tafelbirne
Kl. I, **1 kg**

1⁷⁹

---

1 Stelle mit dem Prospekt-Ausschnitt oder mithilfe der Gewichtsangaben auf Verpackungen einen „Einkaufskorb" zusammen.

a) Schreibe dir einen Einkaufszettel mit mindestens fünf Lebensmitteln. Notiere dazu das Gewicht.

Einkaufszettel	
Lebensmittel	**Gewicht**
	insgesamt

b) Bestimme das Gesamtgewicht deines „Einkaufskorbs" in g und kg.

c) Du kannst dir auch eigene Prospekte besorgen und damit einen „Einkaufskorb" zusammenstellen.

Mit der Personenwaage umgehen

1 Bestimme dein Gewicht mit der Personenwaage ganz genau.

a) Schreibe dein Ergebnis mit Datum in dein Heft.

b) Wiederhole das Wiegen an mehreren Tagen.

c) Ziehe Kleidungsstücke (Schuhe, Pullover …)
aus oder an und wiege dich noch einmal.
Schreibe deine Feststellungen auf.

> Seite 46 Aufgabe 1
>
> a) Mein Gewicht am …:   … kg
>
> b) …
>
> c) Das habe ich beim Wiegen
>
>   festgestellt: …

2 Das Gewicht mancher Gegenstände, z. B. das eines Stuhls, kann
man mit den vorhandenen Waagen nur schlecht direkt bestimmen.
Hier hilft ein Trick, den auch der Tierarzt anwendet, wenn er ein
Haustier wiegen will, das alleine auf der Waage nicht stillhält.
Überlege gemeinsam mit einem anderen Kind,
wie der Trick funktioniert.

Bestimmt auf diese Weise mit der Personenwaage gemeinsam …

a) … das Gewicht eines Stuhls.

☐ kg – ☐ kg = ☐ kg

b) … das Gewicht von Schultasche 1.

☐ kg – ☐ kg = ☐ kg

c) … das Gewicht von Schultasche 2.

☐ kg – ☐ kg = ☐ kg

d) … das Gewicht von _____

☐ kg – ☐ kg = ☐ kg

_____

☐ kg – ☐ kg = ☐ kg

_____

☐ kg – ☐ kg = ☐ kg

★ erkennen funktionale Beziehungen
★ lösen Sachsituationen mit Größen

Gewichte bestimmen – unterschiedliche Gewichtsstücke verwenden

1 Bestimme das Gewicht.

a)

b)

c)

2 Bestimme die Gewichtsstücke,
die du zum Abwiegen der folgenden
Gewichte benötigst.
Benutze so wenige wie möglich.

a) Zeichne die Gewichte vereinfacht auf.

310 g: ⟨200 g⟩ ⟨100 g⟩ ⟨10 g⟩

425 g:

718 g: _____

80 g: _____

250 g: _____

1 000 g: _____

b) Schreibe als Plusaufgabe.

226 g: $200\,g + 20\,g + 5\,g + 1\,g = 226\,g$

654 g: _____

896 g: _____

175 g: _____

490 g: _____

225 g: _____

3 Mit den angegebenen Gewichtsstücken wurde gewogen. Bestimme das Gewicht.

500 g	200 g	100 g	100 g	50 g	20 g	10 g	10 g	5 g	2 g	2 g	1 g	gesamt
	×	×		×	×		×		×	×	×	385 g
×	×	×				×	×	×			×	
×			×	×		×	×	×	×			
							×	×			×	
×				×	×	×			×			
	×	×	×		×	×	×			×		
				×		×				×	×	
×	×	×	×	×			×	×			×	

→ Ü Seite 46

★ stellen Gewichtsangaben mit unterschiedlichen Gewichtsstücken dar
★ bestimmen Gewichte mit genormten Gewichtsstücken

Gewichte ermitteln – passende Gegenstände zuordnen

1 Zum Wiegen der Lebensmittel wurden jeweils
die angegebenen Gewichtsstücke verwendet.

Berechne das Gewicht und trage es mit der passenden Einheit ein.

650 g

2 Schreibe oder zeichne zu jedem Gewicht
passende Lebensmittel oder Gegenstände.

★ bestimmen Gewichte mit genormten Gewichtsstücken
★ finden zu verschiedenen Gewichtsangaben Repräsentanten aus ihrer Lebenswelt

Gewichtsangaben umwandeln, vergleichen und ordnen

kg	100 g	10 g	1 g
1	0	2	5

1 kg 25 g = | 1 | 0 | 2 | 5 | = 1,025 kg

Das Komma trennt kg und g.
1 kg 25 g = 1,025 kg

Man spricht so:
eins Komma null zwei fünf Kilogramm.

1 Lies die Gewichtsangaben in der Tabelle ab und schreibe sie auf drei Arten auf.

	kg	100 g	10 g	1 g	
a)	0	3	5	4	0 kg 354 g = 0,354 kg = 354 g
b)	0	2	0	5	
c)	0	7	5	0	
d)	0	6	8	5	
e)	1	5	0	0	
f)	1	0	5	6	
g)	2	4	5	0	

2 Trage <, > oder = passend ein. Manchmal hilft es dir, die Gewichtsangaben in die gleiche Einheit umzuwandeln.

a) 180 g < 750 g

1 kg 250 g ◯ 1,025 kg

580 g ◯ 0,500 kg

b) 1 kg 50 g ◯ 1 500 g

75 g ◯ 0,750 kg

0,250 kg ◯ 250 g

c) 0,275 kg ◯ 275 g

0,575 kg ◯ 600 g

1,308 kg ◯ 1 300 g

3 Ordne der Größe nach.

a) 50 g   0,500 kg   600 g   0,800 kg   560 g

50 g < 0,500 kg <

b) 0,250 kg   510 g   1 kg   0,280 kg   25 g

c) 45 g   405 g   0,450 kg   540 g   0,054 kg

d) 0,780 kg   0,750 kg   570 g   75 g   340 g

→ Ü Seite 47

★ stellen Gewichtsangaben in unterschiedlicher Schreibweise dar
★ vergleichen und ordnen in verschiedener Schreibweise dargestellte Gewichtsangaben

Mit Gewichtsangaben umgehen

Ein Kilogramm sind 1 000 g.　　　$1 \text{ kg} = 1 000 \text{ g}$

Ein halbes Kilogramm sind 500 g.　　$\frac{1}{2} \text{ kg} = 500 \text{ g}$

Ein viertel Kilogramm sind 250 g.　　$\frac{1}{4} \text{ kg} = 250 \text{ g}$

Eineinhalb Kilogramm sind 1 500 g.　$1\frac{1}{2} \text{ kg} = 1 500 \text{ g}$

> Sprechen und schreiben wie die Mathematiker:
> Ein halb ($\frac{1}{2}$) heißt die Hälfte. Ein Viertel ($\frac{1}{4}$) ist der vierte Teil.

1 Schreibe die Gewichtsangaben in Gramm.

a) $\frac{1}{2}$ kg = 　500 g　　b) $\frac{1}{4}$ kg = ____　　c) $1\frac{1}{2}$ kg = ____　　d) $\frac{1}{4}$ kg + $\frac{1}{2}$ kg = ____

2 Welche Gewichtsangaben sind gleich? Verbinde die Paare.

1 000 g　　250 g　　$1\frac{1}{2}$ kg　　$\frac{1}{2}$ kg + $\frac{1}{4}$ kg　　500 g

$\frac{1}{2}$ kg　　1 kg　　$\frac{1}{4}$ kg　　750 g　　1 500 g

3 Berechne jeweils die fehlenden Angaben.

volle Packung	1 000 g	$\frac{1}{4}$ kg	$\frac{1}{2}$ kg	____ g	200 g	450 g
verbraucht	80 g			25 g	180 g	
Rest	920 g	175 g	280 g	75 g		108 g

4 **Bananen-Haferflocken-Muffins**　Zutaten für 12 leckere Muffins

120 g Mehl　　　130 g Zucker　　1 Teelöffel Backpulver
120 g Haferflocken　80 g Butter　　2 Eier
　　　　　　　　　　　　　　　2 zerdrückte Bananen

a) Schreibe die Zutatenliste für 6 Muffins auf.

b) Lea backt für ihre Klasse. Sie braucht Zutaten für 24 Muffins. Schreibe die Zutaten auf.

c) Berechne, wie viel in den Packungen übrig ist, wenn 24 Muffins gebacken wurden.

> Seite 50 Aufgabe 4
> a)　6 0 g Mehl　　b)　...

5 Schreibe in dein Lerntagebuch, welche Gegenstände und dazu passende Gewichtsangaben du kennengelernt und dir gemerkt hast.

★ nutzen im Alltag gebräuchliche Größen und stellen derartige Größen in anderer Schreibweise dar
★ rechnen mit Größenangaben in Bruchzahl- und in Dezimaldarstellung
★ lösen Sachsituationen mit Größen

Fibonacci-Aussage überprüfen

1  Leonardo von Pisa, genannt Fibonacci, war ein bekannter Mathematiker. Er fand bereits um das Jahr 1200 heraus, dass man mithilfe der folgenden Gewichtsstücke das Gewicht in kg von allen Gegenständen von 1 kg bis _____ kg bestimmen kann.

Überprüfe die Behauptung mithilfe der Tabelle und stelle fest, bis zu welchem Gewicht seine Behauptung stimmt. Trage dein Ergebnis oben im Text ein.

Gewicht des Gegen-standes	Verwendete Gewichtsstücke				
	1 kg	2 kg	4 kg	8 kg	16 kg
1 kg	×				
2 kg		×			

Gewicht des Gegen-standes	Verwendete Gewichtsstücke				
	1 kg	2 kg	4 kg	8 kg	16 kg

Knobeleien mit Gewichten lösen

1 Die beiden Mobiles sind im Gleichgewicht.
Bestimme das Gewicht der einzelnen Teile.

a)

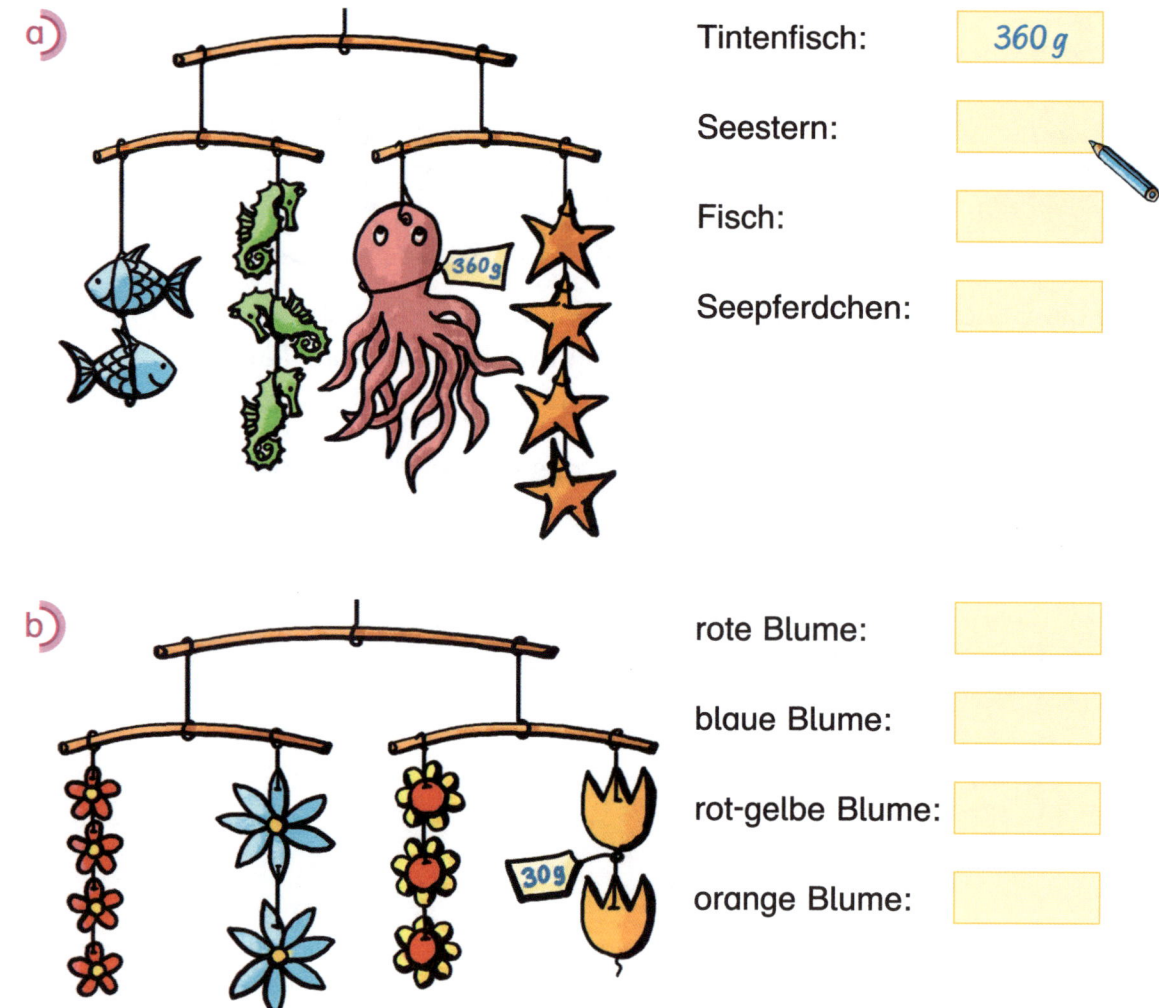

Tintenfisch: `360 g`

Seestern:

Fisch:

Seepferdchen:

b)

rote Blume:

blaue Blume:

rot-gelbe Blume:

orange Blume:

2 Berechne, wie schwer die Kinder sind. Vergleiche dein Vorgehen
und deine Ergebnisse mit denen eines anderen Kindes.
Überlegt gemeinsam, ob die Ergebnisse stimmen können.

a) Tim ist 4 kg schwerer als Lisa.
Zusammen wiegen sie 52 kg.

Tim: [ ] kg   Lisa: [ ] kg

b) Sofie und Maja sind gleich schwer.
Sie wiegen zusammen 54 kg.
Beide sind 3 kg leichter als Ole.

Sofie: [ ] kg   Maja: [ ] kg

Ole: [ ] kg

c) Max und Lea wiegen zusammen 51 kg.
Lea ist 5 kg leichter als Max.

Max: [ ] kg   Lea: [ ] kg

* lösen Sachsituationen mit Größen
* wenden ihre mathematischen Kenntnisse, Fähigkeiten und Fertigkeiten
  bei der Bearbeitung herausfordernder Aufgaben an

Die Gewichtseinheit Tonne kennenlernen

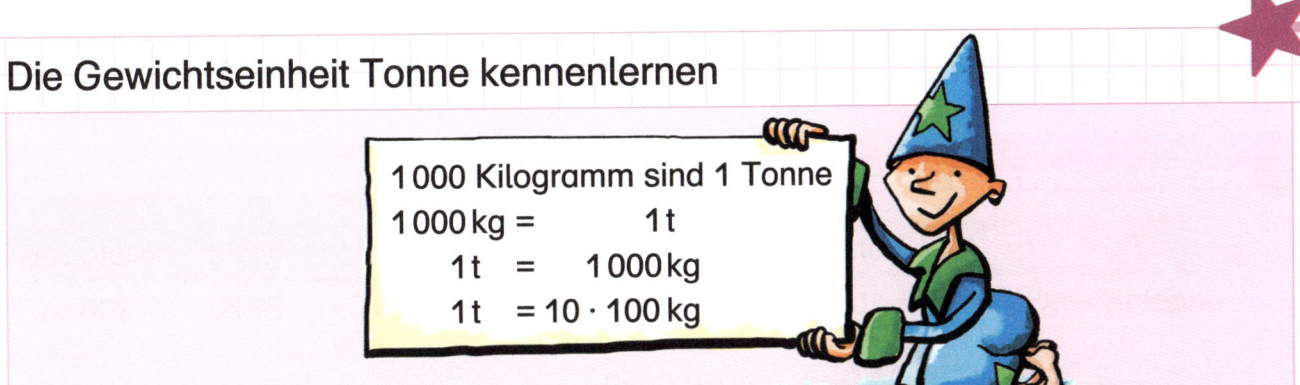

1 000 Kilogramm sind 1 Tonne
$$1\,000\,kg = 1\,t$$
$$1\,t = 1\,000\,kg$$
$$1\,t = 10 \cdot 100\,kg$$

1 Frau Jahn möchte genau wissen, wie schwer ihr Auto tatsächlich ist. Sie fährt auf eine Bodenwaage. In ihren Autopapieren steht, dass das leere Auto 985 kg wiegt.
Sie betrachtet den Wiegeschein.
Überlege gemeinsam mit einem anderen Kind, was die Gründe für die unterschiedlichen Gewichtsangaben sein können.

Gemeindewaage Gaufelden-Teilingen

1000 kg	Brutto	Verkäufer: *Frau Jahn*
		Käufer:
	Tara	Gegenstand: *Auto*
		gewogen durch:
	Netto	den, *04.06.* 201*6* Gebühr: *6,-*

2 Verbinde Gegenstände und Gewichtsangaben passend.
Erkundige dich, schlage im Lexikon nach oder recherchiere im Internet.

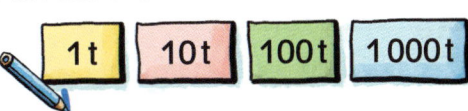

1 t   10 t   100 t   1 000 t

Lastwagen   Lastkahn   Wasserfass mit 1 000 Liter Wasser   Elektrolokomotive

3 Ordne Fahrzeuge und Tiere nach der Höhe ihres Gewichts. Trage dazu Nummern in die Kästchen ein. Du kannst in Büchern oder im Internet weitere interessante Gewichtsangaben suchen und in der Klasse aufhängen.

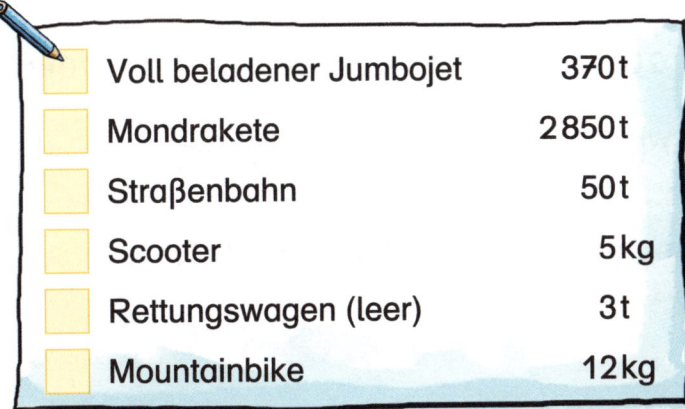

Voll beladener Jumbojet	370 t
Mondrakete	2 850 t
Straßenbahn	50 t
Scooter	5 kg
Rettungswagen (leer)	3 t
Mountainbike	12 kg

Afrikanischer Elefant	6 t
Hamster	120 g
Kamel	600 kg
Reh	40 kg
Blauwal	130 t
Löwe	250 kg

★ finden zu Gewichtsangaben in der Maßeinheit Tonne entsprechende Repräsentanten
★ vergleichen und ordnen Objekte nach ihrem Gewicht

Gewichtsangaben bei Fahrzeugen verstehen

1 Gewichte von Fahrzeugen vergleichen

	Fahrrad	Pkw	Lkw	Bus	Mofa	Motorrad
ungefähres Gewicht	15 kg	1500 kg	7 t	11 t	87 kg	200 kg

a) Wie viele Fahrräder sind so schwer wie ein Pkw?   *100 Fahrräder*

b) Wie viele Pkws sind etwa so schwer wie ein Bus? _____

c) Wie viele Motorräder sind so schwer wie ein Lkw? _____

2

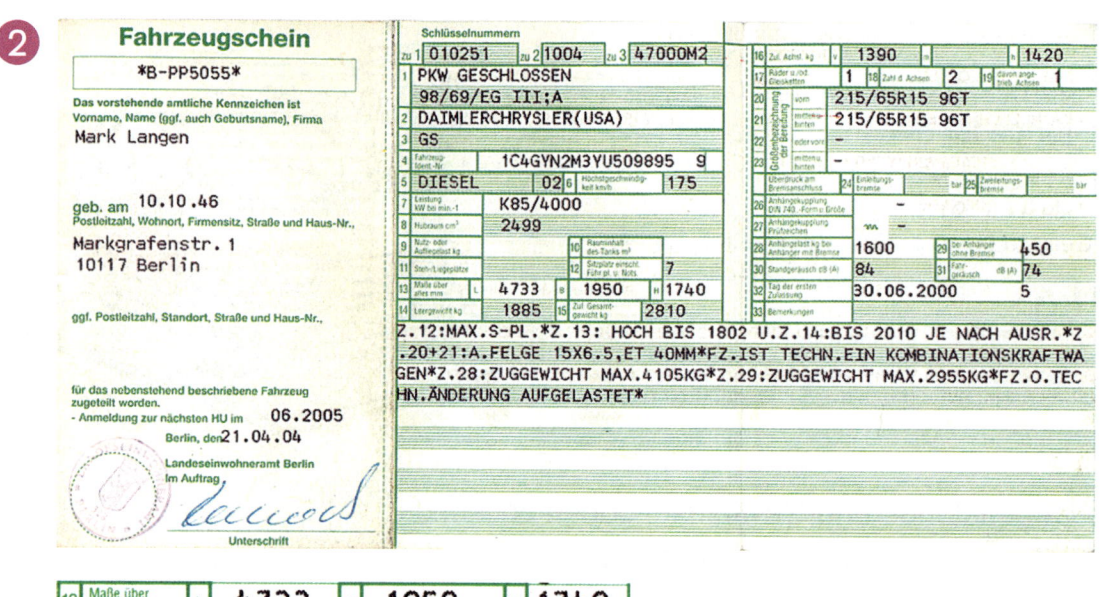

13	Maße über alles mm	L	4733	B	1950	H	1740
14	Leergewicht kg		1885	15	Zul Gesamtgewicht kg		2810

Im Fahrzeugschein eines Autos werden das Leergewicht und das zulässige Gesamtgewicht angegeben (so viel darf das Auto mit Beladung höchstens wiegen). Damit kann man ausrechnen, mit welchem Gewicht das Auto höchstens beladen werden darf.

	Kleinwagen	Mittelklassewagen	große Limousine	Kompaktwagen
Leergewicht	1020 kg	1501 kg	2140 kg	1385 kg
Zulässiges Gesamtgewicht	1410 kg	2030 kg	2545 kg	1970 kg

a) Berechne für mindestens ein Auto, wie viel es höchstens zuladen darf.

b) Berechne das Gesamtgewicht eures Autos, wenn alle Familienmitglieder (ohne Gepäck) im Auto sitzen.

★ entnehmen Informationen und unterscheiden dabei zwischen relevanten und nicht relevanten Informationen
★ lösen Sachsituationen mit Größen

Aufgaben zu Sachsituationen lösen

1 Ein Kleinbus darf genau 1 000 kg zuladen.
Beim Sonntagsausflug möchte
Familie Beerstecher beim
Bauern Äpfel abholen.

Im Bus fahren mit: Vater (84 kg),
Mutter (65 kg), Julian (46 kg), Nadine (38 kg).

a) Berechne, wie viel alle Familienmitglieder zusammen wiegen.

R :

A :

b) Wie viele Kisten Äpfel könnten sie höchstens einkaufen,
wenn sie das Auto vom Gewicht her nicht überladen wollen?

R :

A :

c) Überlege, ob das überhaupt geht und sinnvoll wäre. Begründe deine Antwort.

_____

_____

2 Familie Mai sammelt auf ihrem Grundstück Äpfel.
In der Mosterei sollen diese zu Saft verarbeitet werden.
Die Säcke werden gewogen:

1. Sack: 34 kg	4. Sack: 41 kg
2. Sack: 28 kg	5. Sack: 39 kg
3. Sack: 37 kg	6. Sack: 36 kg

Für je 5 kg Äpfel erhält man eine Flasche Apfelsaft.
Wie viele Flaschen Saft erhält Familie Mai insgesamt?

R :

A :

* entnehmen Textbausteinen relevante Informationen
* übersetzen Problemstellungen aus Sachsituationen in ein mathematisches Modell
* überprüfen die Plausibilität von Ergebnissen

55

1 In Aufzügen, Autos und Bussen finden sich oft Angaben, wie viele Personen mit-fahren können. Bei all diesen Angaben wird pro Person ein Durchschnittsgewicht von 75 kg angenommen.

Welche maximale Zuladung in kg ist vorgesehen?

Wie viele Personen dürfen höchstens befördert werden?

a)

A: _____

b)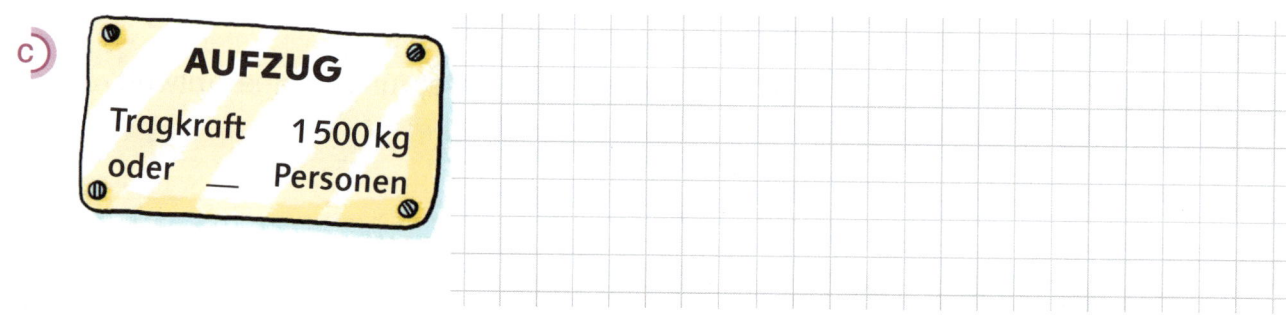

A: _____

c)

A: _____

d)

Tragkraft höchstens 6 Personen

A: _____

* entnehmen Textbausteinen relevante Informationen
* übersetzen Problemstellungen aus Sachsituationen in ein mathematisches Modell
* überprüfen die Plausibilität von Ergebnissen